드림중국어 중급 읽기 1 (중국 문화 이야기)

梦想中国语 中级阅读 1 (中国文化小故事)

# 드림중국어 중급 읽기 1 (중국 문화 이야기)

梦想中国语 中级阅读 1 (中国文化小故事)

초판    발행 2017 년 04 월 10 일
제 2 판   발행 2020 년 10 월 01 일
제 3 판   발행 2023 년 06 월 18 일

| | |
|---|---|
| 편저: | 류환 |
| 디자인: | CAO SHUAI |
| 발행처: | 드림중국어 |
| 주소: | 인천 서구 청라루비로 93, 7 층 |
| 전화: | 032-567-6880 |
| 이멜: | 5676888@naver.com |
| 등록번호: | 654-93-00416 |
| 등록일자: | 2016 년 12 월 25 일 |

종이책 ISBN:   979-11-91235-85-7 (13720)
전자책 ISBN:   979-11-91235-68-0 (15720)
값:                  38,800 원

이 책은 저작권법에 따라 보호 받는 저작물이므로 무단 복제나 사용은 금지합니다. 이 책의 내용을 이용하거나 인용하려면 반드시 저작권자 드림중국어의 서면 동의를 받아야 합니다.
잘못된 책은 교환해 드립니다.

**<MP3 무료 다운!>**

이 책에 관련된 모든 MP3 는 드림중국어 카페(http://cafe.naver.com/dream2088)를 회원 가입하신 후에 <교재 MP3 무료 다운> 에서 무료로 다운 받으실 수 있습니다.

 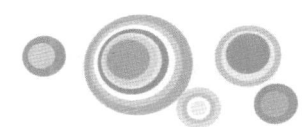

# < 목 록 >

1 狼来了 늑대가 나타났어요. ........................................................................ 1

2 望梅止渴 망매지갈 (매실을 바라보며 갈증을 해소한다) ........................... 5

3 守株待兔 수주대토(나무 그루터기에서 토끼를 기다리다) ......................... 8

4 杞人忧天 기인우천(하늘이 무너질까 봐 걱정하였다) ................................ 12

5 筷子的故事 젓가락의 이야기 ........................................................................ 16

6 愚公移山 우공이산(우공이 산을 옮긴다) .................................................... 21

7 井底之蛙 정저지와(우물 속 개구리) ............................................................ 25

8 狐假虎威 호가호위(여우가 호랑이의 위세를 빌려 호기를 부린다) ............. 29

9 曹冲称象 조충칭상(조충이 코끼리 무게를 잰다) ....................................... 34

10 司马光砸缸 사마광잡항(사마광이 항아리를 깨뜨리기) ............................. 40

11 乌鸦喝水 까마귀는 물을 마신다. ................................................................ 44

12 掩耳盗铃 염이도령(귀를 막고 방울을 훔친다) ........................................... 49

13 刻舟求剑 각주구검(배에 기호를 새긴 후 칼을 찾는다) ............................. 52

14 凿壁偷光 착벽투광(벽에 구멍을 뚫고 빛을 빌려 공부하다.) ..................... 54

15 龟兔赛跑 토끼와 거북이의 달리기 시합 .................................................... 60

16 画蛇添足 화사첨족(뱀을 그리고 발을 더한다) ........................................... 63

17 铁杵磨针 철저마침(쇠절구공이를 갈아 바늘을 만들다) ........................... 68

18 鲁班发明锯子的故事 노반이 톱을 만드는 이야기 ..................................... 73

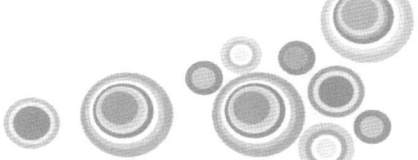

19 鲁班发明雨伞的故事 노반이 우산을 만드는 이야기 ..........................77

20 诚实的孩子 성실한 아이 ..........................84

21 塞翁失马 새옹지마(새옹이 말을 잃다) ..........................89

22 后羿射日 후예사일(후예가 태양을 쏘다) ..........................94

23 农夫与蛇 농부와 뱀 ..........................98

24 华罗庚猜书 화뤄겅이 책을 추측하기 ..........................100

25 三个小金人 세개의 황금 인형 ..........................103

26 坐井观天 우물안 개구리 ..........................108

27 不生气的秘密 화내지 않은 비밀 ..........................111

28 乌鸦和兔子 까마귀와 토끼 ..........................115

29 叶公好龙 섭공호룡(섭공이 용을 좋아한다) ..........................117

30 中秋节的由来 추석의 유래 ..........................120

31 蚊子和狮子 모기와 사자 ..........................125

32 疑人偷斧 의인투부(도끼 훔친 사람을 의심하다) ..........................129

33 孟母三迁 맹모삼천(맹자의 어머니가 세 번 집을 옮기다) ..........................132

34 狐狸和葡萄 여우와 포도 ..........................135

35 对牛弹琴 소 귀에 경 읽기 ..........................140

36 亡羊补牢 망양보뢰(양을 잃고서 울타리를 고친다) ..........................143

MP3 + 연습 문제 답안 다운로드 방법 ..........................147

〈드림중국어〉 시리즈 교재 ..........................148

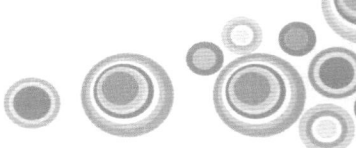

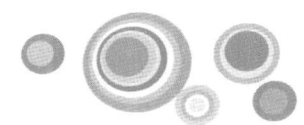

## 1 狼来了

从前，有一个放羊娃，他很喜欢说谎。一天，他在山上__1__的时候，忽然觉得很无聊，就朝山下大喊："狼__2__了，狼来了，救命啊。"山下的村民们听了，马上往山上跑，他们__3__跑一边喊："别害怕，我们来帮你。"

可是村民到山上一看，连狼的__4__都没有。只有放羊娃在哈哈大笑。村民们很生气。

过了几天，放羊娃又突然喊道："不好了，狼来了。"这次村民们又__5__了他的话，跑到山上来帮他，可还是没有看见狼。放羊娃笑道："哈哈哈，真好玩儿。"村民们知道后，更生气了。

后来，有一天，狼真的来了，放羊娃很___6___，一边跑一边喊："救命啊，狼来了。"但大家以为他又在说谎，谁也没跑上来。结果，他的很多羊都被狼咬死了。

这个故事告诉我们，要做一个___7___的人。

## 一．填空

|     | A    | B    | C    | D    |
| --- | ---- | ---- | ---- | ---- |
| (1) | 放羊  | 吃羊  | 吃狼  | 打狼  |
| (2) | 走   | 来   | 跳   | 跑   |
| (3) | 一条  | 一个  | 一边  | 一只  |
| (4) | 孩子  | 尾巴  | 样子  | 影子  |

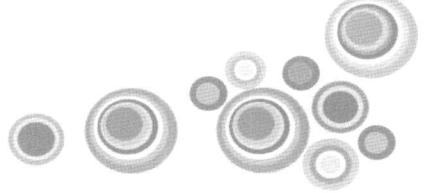

| (5) | 伤心 | 相信 | 找到 | 看到 |
| (6) | 难过 | 高兴 | 害怕 | 幸福 |
| (7) | 漂亮 | 聪明 | 可爱 | 诚实 |

## 二．选择

（1）放羊娃第一次为什么说"狼来了"？

A. 山下的人很无聊　　　　　　　C. 他喜欢说谎

B. 狼真的来了　　　　　　　　　D. 他的妈妈喜欢说谎

（2）这篇文章要告诉我们什么？

A. 做人要说谎　　　　　　　　　C. 放羊娃是个坏孩子

B. 做人要诚实　　　　　　　　　D. 村民们太善良

（3）放羊娃欺骗了村民几次？

A. 一次　　　　　　　　　　　　C. 三次

B. 两次　　　　　　　　　　　　D. 四次

（4）为什么最后一次，村民们没有帮助放羊娃？

A. 村民们再也不相信他了　　　　C. 村民们要保护自己的羊

B. 村民们觉得放羊娃说的是真的　D. 村民很忙，没有时间

（5）文章中划线的单词"无聊"是什么意思？

A. 很高兴　　　　　　　　　　　C. 没有朋友

B. 没有事情做　　　　　　　　　D. 没有家

（6）放羊娃的羊最后怎么了？

A. 被狗咬死了　　　　　　　　　B. 被村民打死了

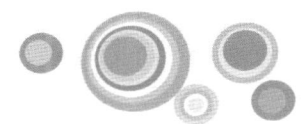

C. 被狼咬死了    D. 没有死

## 三．拼音

### 1 Láng lái le

Cóng qián, yǒu yí gè fàng yáng wá, tā hěn xǐ huan shuō huǎng. Yì tiān, tā zài shān shàng fàng yáng de shí hou, hū rán jué de hěn wú liáo, jiù cháo shān xià dà hǎn: "Láng lái le, láng lái le, jiù mìng a." Shān xià de cūn mín men tīng le, mǎ shàng wǎng shān shàng pǎo, tā men yì biān pǎo yì biān hǎn: "Bié hài pà, wǒ men lái bāng nǐ."

Kě shì cūn mín dào shān shàng yí kàn, lián láng de yǐng zi dōu méi yǒu. Zhǐ yǒu fàng yáng wá zài hā hā dà xiào. Cūn mín men hěn shēng qì.

Guò le jǐ tiān, fàng yáng wá yòu tū rán hǎn dào: "Bù hǎo le, láng lái le." Zhè cì cūn mín men yòu xiāng xìn le tā de huà, pǎo dào shān shàng lái bāng tā, kě hái shì méi yǒu kàn jiàn láng. Fàng yáng wá xiào dào: "Hā hā hā, zhēn hǎo wán r." Cūn mín men zhī dào hòu, gèng shēng qì le.

Hòu lái, yǒu yì tiān, láng zhēn de lái le, fàng yáng wá hěn hài pà, yì biān pǎo yì biān hǎn: "Jiù mìng a, láng lái le." Dàn dà jiā yǐ wéi tā yòu zài shuō huǎng, shuí yě méi pǎo shàng lái. Jié guǒ, tā de hěn duō yáng dōu bèi láng yǎo sǐ le.

zhè ge gù shi gào su wǒ men, yào zuò yí gè chéng shí de rén.

## 四．单词

| 单词 | 拼音 | 意思 |
| --- | --- | --- |
| 从前 | cóng qián | 옛날에 |
| 放羊娃 | fàng yáng wá | 양치기 소년 |
| 说谎 | shuō huǎng | 거짓말을 하다 |
| 忽然 | hū rán | 갑자기 |
| 无聊 | wú liáo | 심심하다 |
| 朝 | cháo | ~를 향하다 |
| 喊 | hǎn | 외치다 |

| 救命 | jiù mìng | 살려 주다, 살려 주세요! |
| --- | --- | --- |
| 害怕 | hài pà | 겁나다, 두려워하다. |
| 好玩儿 | hǎo wánr | 재미 있다 |
| 更 | gèng | 더, 더욱 더 |
| 以为 | yǐ wéi | 여기다, 착각하다 |
| 咬死 | yǎo sǐ | 물어 죽이다 |
| 故事 | gù shi | 스토리, 이야기 |

## 五. 韩语

### 1 늑대가 나타났어요.

  옛날에 양치기 소년 한 명이 있었는데 그는 거짓말하는 것을 좋아했다. 어느 날, 그는 산에서 양치기 할 때, 갑자기 심심하다고 느꼈다. 그래서 산 아래를 향해 큰 소리로 외쳤다. "늑대가 나타났어요. 늑대가 나타났어요. 살려주세요." 산 아래 마을 주민들은 그 소리를 듣고 금방 산 위로 달려왔다. 그들은 달리면서 외쳤다. "두려워하지 마, 우리가 너를 도와 줄게."

  하지만 마을 주민들이 산 위로 와보니, 늑대의 그림자조차 없었다. 오직 양치기 소년만 하하하 웃고 있었다. 마을 주민들은 매우 화가 났다.

  며칠 후 양치기 소년이 갑자기 외쳤다. "살려 주세요, 늑대가 나타났어요." 이번에도 마을 주민들은 그를 믿고, 그를 돕기 위해 산 위로 달려 갔다. 그러나 늑대를 보지 못했다. 양치기 소년은 "하하하, 재미 있어요." 라며 웃었다. 마을 주민들은 이 사실을 알고 더욱 화났다.

  하지만, 어느 날 늑대가 진짜 나타났다. 양치기 소년은 아주 두려워하며 뛰어가면서 외쳤다. "살려 주세요, 늑대가 나타났어요." 그런데 주민들은 그가 거짓말하는 줄 알고 아무도 산 위로 오지 않았다. 결국 양치기 소년의 양들은 모두 늑대에게 물려 죽었다.

  이 이야기는 우리에게 성실한 사람이 되어야 한다고 알려 준다.

## 六. 写作

(1) 你认为人应该诚实吗？为什么？

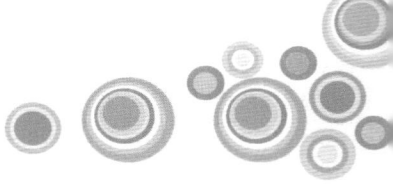

## 2 望梅止渴

有一年夏天，曹操带__1__军队往前走。他的军队已经走了很多天了，非常__2__。

可是天气非常热，热得不__3__呼吸。到了中午，很多人都晕倒了，行军的速度也__4__下来。曹操看行军的速度越来越慢，心里很着急。可是，几万人马连__5__都喝不上，又怎么能加快速度呢？

他立刻叫来向导，悄悄问他，"这附近有水源吗？"向导摇头说："水在山的那一边，还要走很远。"曹操想了一下，说："不行，我们没有__6__了。"他看了看前边的树林，想了一会儿，对向导说："你什么也别说，我来想办法。"

他指着前面对大家说："我知道前面有一大片梅林，那里的梅子又大又好吃，我们再__7__一下，过了这个山就到梅林了。"

士兵们一听，非常高兴，嘴里都流出了口水，忽然觉得不累了。大家鼓足力气向前赶去，终于到达了前方有水的地方。

## 一. 填空

|     | A | B | C | D |
|-----|---|---|---|---|
| (1) | 这 | 着 | 好 | 完 |
| (2) | 生气 | 高兴 | 累 | 热 |
| (3) | 能 | 想 | 要 | 为了 |

| (4) | 快 | 慢 | 走 | 找 |
|---|---|---|---|---|
| (5) | 饮料 | 可乐 | 水 | 嘴 |
| (6) | 钱 | 时间 | 饭 | 米 |
| (7) | 坚持 | 走路 | 跑步 | 喝水 |

## 二．选择

（1）这个故事里，谁带领军队往前走？

A. 刘备　　　　　　　　　　　C. 曹操

B. 孙权　　　　　　　　　　　D. 诸葛亮

（2）军队所在位置的附近，有水源吗？

A. 有　　　　　　　　　　　　B. 没有

（3）曹操告诉士兵们前面有一大片什么？

A. 水源　　　　　　　　　　　C. 松林

B. 树林　　　　　　　　　　　D. 梅林

（4）士兵听到前面有一片梅林，为什么流下来口水？

A. 因为饿而流口水　　　　　　C. 因为贪吃而流口水

B. 因为想到梅子酸而流口水　　D. 因为不渴而流口水

（5）根据故事，士兵们现在最想喝什么？

A. 酒　　　　　　　　　　　　C. 果汁

B. 可乐　　　　　　　　　　　D. 水

## 三．拼音

## 2 Wàng méi zhǐkě

Yǒu yì nián xià tiān, cáo cāo dài zhe jūn duì wǎng qián zǒu. Tā de jūn duì yǐ jīng zǒu le hěn duō tiān le, fēi cháng lèi.

Kě shì tiān qì fēi cháng rè, rè de bù néng hū xī. Dào le zhōng wǔ, hěn duō rén dōu yūn dǎo le, xíng jūn de sù dù yě màn xià lái. Cáo cāo kàn xíng jūn de sù dù yuè lái yuè màn, xīn li hěn zháo jí. Kě shì, jǐ wàn rén mǎ lián shuǐ dōu hē bú shàng, yòu zěn me néng jiā kuài sù dù ne?

Tā lì kè jiào lái xiàng dǎo, qiāo qiāo wèn tā, "zhè fù jìn yǒu shuǐ yuán ma?" Xiàng dǎo yáo tóu shuō: "Shuǐ zài shān de nà yì biān, hái yào zǒu hěn yuǎn." Cáo cāo xiǎng le yí xià, shuō: "Bù xíng, wǒ men méi yǒu shí jiān le." Tā kàn le kàn qián bian de shù lín, xiǎng le yí huìr, duì xiàng dǎo shuō: "Nǐ shén me yě bié shuō, wǒ lái xiǎng bàn fǎ."

Tā zhǐ zhe qián miàn duì dà jiā shuō: "Wǒ zhī dào qián miàn yǒu yí dà piàn méi lín, nà li de méi zi yòu dà yòu hǎo chī, wǒ men zài jiān chí yí xià. Guò le zhè ge shān jiù dào méi lín le."

Shì bīng men yì tīng, fēi cháng gāo xìng, zuǐ li dōu liú chū le kǒu shuǐ, hū rán jué de bú lèi le. Dà jiā gǔ zú lì qi xiàng qián gǎn qù, zhōng yú dào dá le qián fāng yǒu shuǐ de dì fāng.

## 四. 单词

| 单词 | 拼音 | 意思 |
| --- | --- | --- |
| 望梅止渴 | wàng méi zhǐ kě | 매실을 생각하며 갈증을 풀다 |
| 军队 | jūn duì | 군대 |
| 呼吸 | hū xī | 숨을 쉬다, 호흡하다 |
| 晕倒 | yūn dǎo | 기절하여 쓰러지다, 어지러워 쓰러지다 |
| 行军 | xíng jūn | 행군, 군대가 앞으로 가다. |
| 速度 | sù dù | 속도 |
| 越来越... | yuè lái yuè... | 갈 수록...하다 |
| 着急 | zháo jí | 조급해하다, 조급하다. |

| | | |
|---|---|---|
| 加快 | jiā kuài | 빠르게 하다, 더 빨리 하다 |
| 向导 | xiàng dǎo | 가이드 |
| 悄悄 | qiāo qiāo | 은밀히, 몰래 |
| 水源 | shuǐ yuán | 수원, 물의 원천지 |
| 树林 | shù lín | 숲 |
| 指 | zhǐ | (손으로) 가리키다 |
| 梅子 | méi zǐ | 매실 |
| 口水 | kǒu shuǐ | 침 |
| 鼓足 | gǔ zú | 젖 먹던 힘까지 다하다, 온 힘을 다 하다 |
| 赶 | gǎn | 서둘러 가다. 빨리 가다. |
| 到达 | dào dá | 도착하다 |

## 五. 韩语

### 2 망매지갈(매실을 바라보며 갈증을 해소한다)

　　어느 더운 여름날, 조조가 군을 이끌고 행진하고 있었다. 며칠이나 계속 걸어서 너무 피곤하고 힘들었다.

　　그런데 날은 숨도 쉴 수 없는 정도로 더웠다. 정오가 될 때 많은 병사들이 쓰러졌다. 앞으로가는 속도도 점점 느려졌다. 조조는 이 상황을 보며 조급했다. 하지만 수많은 군사들이 물조차 마실 수 없어서 빠르게 전진할 수 있는 힘이 어디 있는가? 이때 조조는 가이드를 찾아서 귓속말로 물었다. "이 근처에 물이 있는가?" 가이드는 고개를 저으면서 '산을 넘어야 물이 있겠지만 아주 오랫동안 더 걸어야 한다'고 대답했다. 조조는 잠시 생각한 후 "이러면 안 돼, 우리에게 시간이 많이 없어" 라고 말했다. 그는 앞의 숲을 보고 한참 생각한 후, 가이드에게 "아무 말도 하지 마라", 자신에게는 묘안이 있다고 했다.

　　조조는 앞을 가리키며 병사들에게 이렇게 말했다. "조금만 더 가면 앞에 매실 나무 숲이 있어. 그 곳의 매실은 크고 달콤해. 조금만 더 참고 힘을 내자. 이 산을 넘어 매실 나무 숲에 도착할 거야." 이 말을 들은 병사들은 매실의 신 맛을 생각하여 입 안에 침이 고여 갈증을 잊게 되었다. 모두 힘을 내서 계속 전진했고 드디어 물이 있는 곳을 찾았다.

## 3 守株待兔

春秋时期，宋国有一个农夫，每天在田__1__努力地劳动。

有一天，他在田里工作的时候，突然看见一只__2__，往大树的方向跑过来。结果，兔子跑得太快，撞上大树，脖子折断死掉了。

农夫很__3__，捡起死兔子，回家吃了一顿很好吃的兔子肉。

从那__4__，农夫再也不专心地__5__了，他每天坐在大树的旁边，希望再捡到一只__6__兔子。

结果，他不仅没有__7__到兔子，农田里的苗也都枯萎了。

这个故事告诉我们，世界上没有免费的午餐。

一．填空

|     | A    | B    | C    | D    |
|-----|------|------|------|------|
| (1) | 上   | 下   | 里   | 外   |
| (2) | 小鸟 | 小狗 | 兔子 | 老虎 |
| (3) | 高兴 | 生气 | 伤心 | 着急 |
| (4) | 以前 | 以后 | 中间 | 一会儿 |
| (5) | 吃饭 | 干活儿 | 睡觉 | 休息 |
| (6) | 死   | 活   | 大   | 小   |

| (7) | 抓 | 看 | 等 | 找 |

## 二. 选择

(1) 这个故事发生在哪个时期？

A. 春秋时期　　　　　　　　　　C. 战国时期

B. 唐朝　　　　　　　　　　　　D. 宋朝

(2) 这个农夫看见的撞到树上的动物是什么？

A. 狼　　　　　　　　　　　　　C. 狗

B. 老鼠　　　　　　　　　　　　D. 兔子

(3) 这个撞了树的动物死了吗？

A. 死了　　　　　　　　　　　　B. 没有死

(4) 为什么从那以后，农夫再也不不专心干活，总是坐在树边？

A. 农夫生病了　　　　　　　　　C. 农夫很累，想休息

B. 农夫等待着再次捡到撞树的兔子　D. 农夫不喜欢做活

(5) 这个故事告诉我们什么道理？

A. 生病了需要休息　　　　　　　C. 工作生活需要松弛有度

B. 应该做自己喜欢的事情　　　　D. 世界上没有免费的午餐

(6) 兔子是怎么死的？

A. 被狗咬死的　　　　　　　　　C. 农夫打死的

B. 没有死　　　　　　　　　　　D. 撞到树上死的

## 三. 拼音

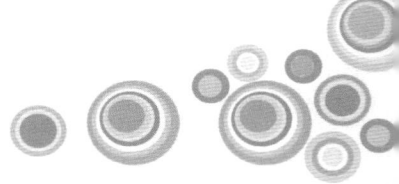

## 3 Shǒu zhū dài tù

Chūn qiū shí qī, sòng guó yǒu yí gè nóng fū, měi tiān zài tián lǐ nǔ lì de láo dòng.

Yǒu yì tiān, tā zài tián li gōng zuò de shí hou, tū rán kàn jiàn yì zhī tù zi, wǎng dà shù de fāng xiàng pǎo guò lái. Jié guǒ, tù zi pǎo de tài kuài, zhuàng shàng dà shù, bó zi zhé duàn sǐ diào le.

Nóng fū hěn gāo xìng, jiǎn qǐ sǐ tù zi, huí jiā chī le yí dùn hěn hǎo chī de tù zi ròu.

Cóng nà yǐ hòu, nóng fū zài yě bù zhuān xīn de gàn huór le, tā měi tiān zuò zài dà shù de páng biān, xī wàng zài jiǎn dào yì zhī sǐ tù zi.

Jié guǒ, tā bù jǐn méi yǒu děng dào tù zi, nóng tián lǐ de miáo yě dōu kū wěi le.

zhè ge gù shi gào su wǒ men, shì jiè shàng méi yǒu miǎn fèi de wǔ cān.

## 四. 单词

| 单词 | 拼音 | 意思 |
|---|---|---|
| 时期 | shí qī | 시기 |
| 农夫 | nóng fū | 농부 |
| 撞 | zhuàng | 부딪치다 |
| 脖子 | bózi | 목 |
| 折断 | zhé duàn | 부러지다 |
| 捡起 | jiǎn qǐ | 집다, 줍다 |
| 顿 | dùn | 끼 (양사) |
| 专心 | zhuān xīn | 전념하다, 열중하다, 몰두하다 |
| 希望 | xī wàng | 희망하다, 바라다. |
| 不仅 | bù jǐn | …뿐만 아니라…. |
| 苗 | miáo | 싹, 농작물 |

| | | |
|---|---|---|
| 枯萎 | kū wěi | 시들다, 마르다 |
| 免费 | miǎn fèi | 무료, 공짜 |
| 午餐 | wǔ cān | 점심 |

## 五. 韩语

### 3 수주대토(나무 그루터기에서 토끼를 기다리다)

　　춘추 시대에 송나라에서 한 명의 농부가 있었다. 그는 매일 밭에서 부지런히 일하였다.

　　어느 날 그가 밭에서 일하고 있었을 때 풀 숲에서 갑자기 토끼 한 마리가 뛰어 나왔다. 토끼는 너무 빠른 속도로 달렸기 때문에 그루터기에 부딪쳐 목이 부러져 죽었다.

　　농부는 이를 보고 아주 기뻤다. 죽은 토끼를 들고 집에 가서 맛있는 토끼 고기를 먹었다.

　　그 후부터 농부는 더 이상 농사 일을 열심히 하지 않았다. 그는 매일 나무 옆에 앉아서 토끼가 뛰어 나오는 것을 기다렸다. 그러나 그 후 토끼는 다시 오지 않았다. 그 사이에 밭은 황폐해져서 쑥대밭이 되고 말았다.

　　이 이야기는 세상에 공짜가 없다는 도리를 알려 준다.

## 六. 写作

（1）用10分钟的时间阅读课文，然后不看书，复述并缩写以上文章。

（2）你的身边有没有"守株待兔"的人？详细讲一下。

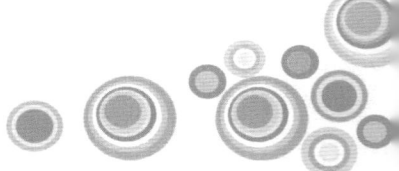

## 4 杞人忧天

古代有个__1__叫杞国，杞国有一个人，他的胆子很__2__。

有一天，他看到大风吹落了树叶，就很害怕。又有一天，他看到一只鸟从天上掉了下来，就更担心了。他遇到人就说："头上的天会不会也掉下来？"

从此，他躲在__3__不敢出门，吃不下__4__，睡不着觉，每天担心__5__会掉下来。

大家知道后，都跑来劝他说："天是不会往下掉的，即使真的掉下来，也不是你一个人担心能够解决的啊。别担心了。"

__6__，无论别人怎么说，他都不相信。他仍然经常为这个问题烦恼。

这个故事告诉我们，__7__过度担心一些事情。

一．填空

|     | A | B | C | D |
| --- | --- | --- | --- | --- |
| (1) | 城市 | 地方 | 国家 | 人 |
| (2) | 大 | 小 | 高 | 低 |
| (3) | 家里 | 学校里 | 外面 | 树上 |
| (4) | 水 | 声音 | 饭 | 衣服 |

| (5) | 地 | 小鸟 | 树 | 天 |
| --- | --- | --- | --- | --- |
| (6) | 如果 | 可是 | 而且 | 不仅 |
| (7) | 不要 | 要 | 不是 | 是 |

## 二．选择

(1) 杞国这个人的性格怎么样？

A. 开朗　　　　　　　　　　C. 胆小

B. 乐观　　　　　　　　　　D. 粗心

(2) 杞人看到大风吹落了树叶，内心有怎样的情感？

A. 害怕　　　　　　　　　　C. 惊喜

B. 开心　　　　　　　　　　D. 绝望

(3) 这个人因为什么每天不敢出门？

A. 担心遇见不认识的人　　　C. 担心没有钱

B. 担心天会掉下来　　　　　D. 担心语言不通

(4) 他遇见人就对别人说什么？

A. "头上的天会不会也掉下来？"　　C. "头上的天会下雨的？"

B. "头上的天会打雷？"　　　　　　D. "头上的天会下冰雹"

(5) 其他人劝这个人，这个人什么态度？

A. 不担心了　　　　　　　　C. 依然担心天会掉下来

B. 心情变好了　　　　　　　D. 惭愧自己的荒唐

## 三．拼音

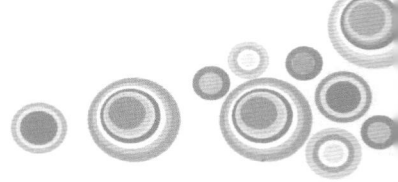

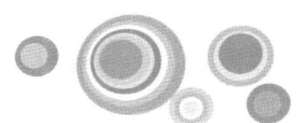

### 4 Qǐ rén yōu tiān

　　Gǔ dài yǒu ge guó jiā jiào qǐ guó, qǐ guó yǒu yí gè rén, tā de dǎn zi hěn xiǎo.

　　Yǒu yì tiān, tā kàn dào dà fēng chuī luò le shù yè, jiù hěn hài pà. Yòu yǒu yì tiān, tā kàn dào yì zhī niǎo cóng tiān shàng diào le xià lái, jiù gèng dān xīn le. Tā yù dào rén jiù shuō: "Tóu shàng de tiān huì bú huì yě diào xià lái?"

　　Cóng cǐ, tā duǒ zài jiā li bù gǎn chū mén, chī bú xià fàn, shuì bù zháo jiào, měi tiān dān xīn tiān huì diào xià lái.

　　Dà jiā zhī dào hòu, dōu pǎo lái quàn tā shuō: "Tiān shì bú huì wǎng xià diào de, jí shǐ zhēn de diào xià lái, yě bú shì nǐ yí gè rén dān xīn néng gòu jiě jué de a. Bié dān xīn le."

　　Kě shì, wú lùn bié rén zěn me shuō, tā dōu bù xiāng xìn. Tā réng rán jīng cháng wèi zhè ge wèn tí fán nǎo.

　　zhè ge gù shi gào su wǒ men, bú yào guò dù dān xīn yì xiē shì qing.

## 四. 单词

| 单词 | 拼音 | 意思 |
|---|---|---|
| 杞国 | qǐ guó | 기 나라 (나라의 이름) |
| 胆子 | dǎn zi | 담력, 간 |
| 躲 | duǒ | 숨다 |
| 劝 | quàn | 권하다 |
| 烦恼 | fán nǎo | 고민(하다), 걱정하다 |
| 过度 | guò dù | 과도하다, 지나치다 |
| 仍然 | réng rán | 여전히, 계속 |

## 五. 韩语

### 4 기인우천(하늘이 무너질까 봐 걱정하였다)

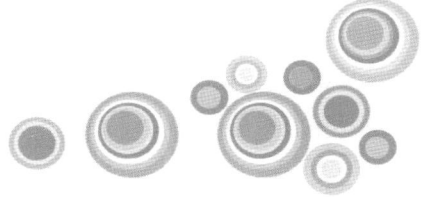

아주 옛날에 '기'라는 나라가 있었다. 이 나라에는 겁쟁이 한 명이 있었다.

그는 어느 날 센 바람에 나뭇잎이 떨어지는 것을 보고 무서워했다. 또 다른 어느 날, 하늘에서 떨어지는 새를 보았을 때 그는 더욱 걱정했다. 그는 누구든 만나면 "머리 위의 하늘도 떨어질 까?" 라고 말했다.

그 때부터 그 사람은 집에 숨어 밖에 나가지도 못하고, 밥도 제대로 먹지 못하고, 잠도 못 이루고, 매일 하늘이 무너질 까 걱정했다.

사람들이 그것을 알고 나서 그를 타일렀다. "하늘은 무너지지 않을 거야, 무너지더라도 혼자서 걱정하고 해결할 수 없잖아. 걱정하지 마."

그러나 다른 사람들이 뭐라고 말해도 그는 믿지 않았다. 그는 여전히 이 문제에 대해 걱정했다.

이 이야기는 우리에게 어떤 것에 대해 너무 걱정하지 말라고 알려 준다.

## 六．写作

（1）用10分钟的时间阅读课文，然后不看书，复述并缩写以上文章。

（2）你见过"杞人忧天"的人吗？请介绍一下。

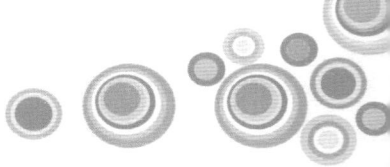

## 5 筷子的故事

从前，有几个兄弟，他们关系__1__，经常吵架。

一天，他们__2__吵架了。

他们的父亲很生气，把他们叫到屋子里，拿出一把筷子，说："你们谁能把这把筷子折断？"

几个兄弟__3__试了试，虽然他们用了很大的力气，可是谁也没能折断。

父亲把这把筷子分开，分给每个__4__一根，说："现在，你们再试试看。""这太简单了。"这次，孩子们一折就断了。

__5__说："孩子们，你们看，一__6__筷子多结实，很难折断。一根筷子很容易就折断了。所以，以后你们不要再__7__了，团结起来才会有力量。"

这个故事告诉我们：团结力量大。

## 一．填空

|  | A | B | C | D |
|---|---|---|---|---|
| (1) | 不好 | 好 | 很好 | 太好 |
| (2) | 没 | 不 | 又 | 不想 |
| (3) | 没有 | 忘记 | 都 | 不想 |

| (4) | 女儿 | 儿子 | 妈妈 | 姐姐 |
| --- | --- | --- | --- | --- |
| (5) | 母亲 | 姐姐 | 父亲 | 爷爷 |
| (6) | 把 | 根 | 个 | 双 |
| (7) | 团结 | 吃饭 | 打架 | 玩 |

## 二．选择

(1) 从前有几个兄弟，他们的关系怎么样？

A. 很好，经常一起做游戏　　　　C. 很不好，经常吵架

B. 很好，经常一起学习　　　　　D. 很不好，经常一起玩儿

(2) 兄弟们把一把筷子折断了吗？

A. 折断了　　　　　　　　　　　B. 没有折断

(3) 把筷子分开，兄弟们把一根筷子折断了吗？

A. 折断了　　　　　　　　　　　B. 没有折断

(4) 这个故事告诉我们什么道理？

A. 血缘很重要　　　　　　　　　C. 学会感恩

B. 团结是力量　　　　　　　　　D. 珍惜时间

## 三．拼音

5 Kuài zi de gù shì

Cóng qián, yǒu jǐ gè xiōng di, tā men guān xi bù hǎo, jīng cháng chǎo jià.

Yì tiān, tā men yòu chǎo jià le.

Tā men de fù qīn hěn shēng qì, bǎ tā men jiào dào wū zi lǐ, ná chū yì bǎ kuài zi, shuō:"Nǐ men shuí néng bǎ zhè bǎ kuài zi zhé duàn?"

Jǐ gè xiōng di dōu shì le shì, suī rán tā men yòng le hěn dà de lì qi, kě shì shuí yě méi néng zhé duàn.

Fù qin bǎ zhè bǎ kuài zi fēn kāi, fēn gěi měi gè ér zi yì gēn, shuō:"Xiàn zài, nǐ men zài shì shì kàn." "Zhè tài jiǎn dān le." Zhè cì, hái zi men yì zhé jiù duàn le.

Fù qin shuō:"Hái zi men, nǐ men kàn, yì bǎ kuài zi duō jiē shi, hěn nán zhé duàn. Yì gēn kuài zi hěn róng yì jiù zhé duàn le. Suǒ yǐ, yǐ hòu nǐ men bú yào zài dǎ jià le, tuán jié qǐ lái cái huì yǒu lì liang."

Zhè gù shi gào su wǒ men: tuán jié lì liang dà.

## 四．单词

| 单词 | 拼音 | 意思 |
| --- | --- | --- |
| 吵架 | chǎo jià | 말싸움하다 |
| 拿出 | ná chū | 꺼내다 |
| 筷子 | kuài zi | 젓가락 |
| 折断 | zhé duàn | 꺾다,절단하다,부러뜨리다 |
| 试 | shì | 시도해 보다 |
| 根 | gēn | (양사) 근, 개, 가닥 |
| 结实 | jiē shi | 든든하다,튼튼하다 |
| 团结 | tuán jié | 단결하다,뭉치다 |
| 把 | bǎ | 뭉텅이 |

## 五．韩语

### 5 젓가락의 이야기

옛날에 몇 명의 형제가 있었다. 그들은 친하지 않고 자주 싸웠다.

어느 날 그들은 또 싸웠다.

그들의 아버지는 몹시 화가 나서 그들을 방으로 불러갔다. 그는 젓가락 한 뭉치를 꺼내서

"누가 이 젓가락들을 부러뜨릴 수 있니?" 라고 물었다.

몇 명의 형제는 큰 힘을 썼지만 누구도 그것을 부러뜨릴 수 없었다.

아버지는 이 한 뭉치의 젓가락을 떼어냈다. 아들들에게 한 개씩 나누어 주면서 다시 시도해 보라고 했다. "이게 너무 간단해요." 이번에는 아이들은 젓가락을 꺾이자 쉽게 부러졌다.

아버지는 "애들아, 젓가락 한 뭉치는 너무 튼튼해서 부러뜨리기 힘들지만 젓가락 한 개는 쉽게 부러진 단다. 그러니 앞으로는 더 이상 싸우지 마라. 뭉칠 때만 힘이 생길 수 있어." 라고 말했다.

이 이야기는 단결은 힘이라고 말한다.

## 六．写作

（1）用10分钟的时间阅读课文，然后不看书，复述并缩写以上文章。

（2）你和兄弟姐妹的关系怎么样？打架的时候父母怎么教育你们？

## 6 愚公移山

从前有个叫愚公的__1__，他90多岁了，一直住在山的对面。因为门口的大山挡住了路，所以一家人出门要走很长时间。

有一天愚公把全家聚集在一起，想把这两座山搬走。他的妻子摇摇头说："挖出来的泥土石块放在__2__啊？"大家都说："我们可以丢到海__3__去呀。"经过愚公的劝说，家人终于都同意了。第二天早上，愚公就带着全家人开始挖山了。

有个叫智叟的老头儿看到了，嘲笑他说："愚公啊，你都这么__4__了，还要去搬什么山啊。就算搬到你__5__的那一天，也不可能把大山搬走的。"

愚公听了他的话，笑笑说："没关系。即使我死了，我还有儿子在呀，儿子又生孙子，孙子又生儿子；儿子又有儿子，儿子又有孙子，这样一代代传下去是没有尽头的。而__6__是不会增高的，挖一点就少一点，还怕挖不平嘛。"智叟没有话说，只好走开了。

后来，天神被愚公的诚心感动了，就派了两个神仙，把两座大山背走了。

这个故事告诉我们：只要有毅力和决心，再__7__的困难也能够克服。

# 梦想中国语　阅读

## 一．填空

|  | A | B | C | D |
|---|---|---|---|---|
| (1) | 小孩 | 妈妈 | 女儿 | 老人 |
| (2) | 哪儿 | 这里 | 那里 | 后面 |
| (3) | 外面 | 里面 | 上面 | 后面 |
| (4) | 小 | 年轻 | 老 | 漂亮 |
| (5) | 出生 | 死 | 活 | 睡觉 |
| (6) | 家 | 大海 | 山 | 路 |
| (7) | 小 | 大 | 高 | 矮 |

## 二．选择

（1）愚公住在山的哪里？

A. 山的旁边　　　　　　　　　C. 山的后面

B. 山的下面　　　　　　　　　D. 山的对面

（2）愚公召集大家，打算对大山采取何种手段？

A. 把山搬走　　　　　　　　　C. 把山推走

B. 把山炸开　　　　　　　　　D. 家族搬家

（3）起初，妻子为什么不同意？

A. 因为山太高　　　　　　　　C. 因为愚公年龄太大

B. 因为山的泥土岩石没处放置　D. 因为泥土岩石容易坍塌

（4）智叟为什么嘲笑愚公？

A. 因为愚公年龄太大，工程量太大　C. 因为山太高

B. 因为移山的人太少　　　　　　　D. 因为愚公的妻子反对

（5）为什么愚公最后成功了？

A. 因为愚公聪明

B. 因为愚公善于计划

C. 因为愚公有号召力

D. 因为愚公有决心和毅力

## 三．拼音

### 6 Yú gōng yí shān

Cóng qián yǒu gè jiào yú gōng de lǎo rén, tā 90 duō suì le, yì zhí zhù zài shān de duì miàn. Yīn wèi mén kǒu de dà shān dǎng zhù le lù, suǒ yǐ yì jiā rén chū mén yào zǒu hěn cháng shí jiān.

Yǒu yì tiān yú gōng bǎ quán jiā jù jí zài yì qǐ, xiǎng bǎ zhè liǎng zuò shān bān zǒu. Tā de qī zi yáo yáo tóu shuō: "Wā chū lái de ní tǔ shí kuài fàng zài nǎ a?" Dà jiā dōu shuō: "wǒ men kě yǐ diū dào hǎi lǐ miàn qù ya." Jīng guò yú gōng de quàn shuō, jiā rén zhōng yú dōu tóng yì le. Dì èr tiān zǎo shang, yú gōng jiù dài zhe quán jiā rén kāi shǐ wā shān le.

Yǒu gè jiào zhì sǒu de lǎo tóur kàn dào le, cháo xiào tā shuō: "Yú gōng a, nǐ dōu zhè me lǎo le, hái yào qù bān shén me shān a. Jiù suàn bān dào nǐ sǐ de nà yì tiān, yě bù kě néng bǎ dà shān bān zǒu de."

Yú gōng tīng le tā de huà, xiào xiào shuō: "Méi guān xi. Jí shǐ wǒ sǐ le, wǒ hái yǒu ér zi zài ya, ér zi yòu shēng sūn zi, sūn zi yòu shēng ér zi; ér zi yòu yǒu ér zi, ér zi yòu yǒu sūn zi, zhè yàng yí dài dài chuán xià qù shì méi yǒu jìn tóu de. ér shān shì bú huì zēng gāo de, wā yì diǎn jiù shǎo yì diǎn, hái pà wā bù píng ma." Zhì sǒu méi yǒu huà shuō, zhǐ hǎo zǒu kāi le.

Hòu lái, tiān shén bèi yú gōng de chéng xīn gǎn dòng le, jiù pài le liǎng gè shén xiān, bǎ liǎng zuò dà shān bēi zǒu le.

zhè ge gù shi gào su wǒ men: Zhǐ yào yǒu yì lì hé jué xīn, zài dà de kùn nán yě néng gòu kè fú.

## 四．单词

| 单词 | 拼音 | 意思 |
| --- | --- | --- |

| | | |
|---|---|---|
| 愚公移山 | yú gōng yí shān | 우공이 산을 옮기 |
| 挡住 | dǎng zhù | 막다 |
| 聚集 | jù jí | 모이다 |
| 摇摇头 | yáo yáo tóu | 고개를 가로 젓다 |
| 挖 | wā | 파다 |
| 劝说 | quàn shuō | 설득하다 |
| 嘲笑 | cháo xiào | 비웃다 |
| 就算 | jiù suàn | 설령...하더라도 |
| 即使 | jí shǐ | 비록...하더라도 |
| 传下去 | chuán xià qù | 이어가다, 전하다. |
| 尽头 | jìn tóu | 끝 |
| 派 | pài | 파견하다 |
| 背 | bēi | 업다 |
| 毅力 | yì lì | 의지력 |
| 克服 | kè fú | 극복하다 |

## 五. 韩语

### 6 우공이산(우공이 산을 옮긴다)

옛날에 우공이라는 90여세 된 노인이 있었다. 그는 계속 산의 맞은 편에서 살았다. 문 앞에 있던 산이 길을 막았기 때문에 가족이 밖에 나가려면 오래 걸어야 했다.

어느 날 우공이 가족을 모아 놓고 이 두 개의 산을 다른 곳으로 옮기고 싶다고 했다. 그의 아내는 고개를 젓고 파낸 흙과 돌은 어찌하냐고 물었다. 가족들은 모두 바다에 던지면 된다고 말했다. 마침내 우공의 설득으로 가족들이 이 일에 모두 동의했다. 다음날 아침에 우공은 가족과 함께 산을 파내기 시작했다.

지소라는 늙은이는 우공을 비웃으며 말했다. "우공아, 이렇게 늙었는데 무슨 산을 옮기니. 니가 죽을 때까지 해도 옮길 수 없어." 우공은 그 말을 듣고 웃었다. "괜찮아, 내가 죽더라도 아들이 낳을 테고, 아들은 또 손자를 낳고, 손자가 또 아들을 낳고, 그 아들은 또 아들이 생길 것이고, 그 아들은 또 손자가 생길 거야. 이렇게 대대손손 이어가면 끝이 없지. 그런데 산은 더욱 높아지지 않아. 조금씩 파면 조금씩 줄어. 언젠가는 반드시 산이 평평해질 날이 오겠지." 지소는 할 말이 없어 어쩔 수 없이 가 버렸다.

그 후 천신은 우공의 정성에 감동하여 두 명의 신을 보내 두 산을 옆고 옮겨 가게 했다.

이 이야기는 끈기와 결심이 있으면 얼마나 큰 어려움도 극복할 수 있는 것을 알려 준다.

## 六．写作

（1）用10分钟的时间阅读课文，然后不看书，复述并缩写以上文章。

（2）如果是你，你会像愚公一样做吗？为什么？

## 7 井底之蛙

有一只青蛙，__1__在一口井里住了很长时间。它对自己的生活特别满意，每天都过得很__2__。它高兴的时候就在井里跳来跳去，天热了就到水中__3__来游去，它觉得自己很幸福。

有一天，它__4__了午饭，正在躺着休息，忽然听见有人在叫它。它抬起头向井口一看，只见一只大海龟的头，几乎遮去了井口上的半边天。大海龟问它："青蛙老弟，你见过__5__吗？""大海？有我的井大吗？海龟老兄，我是这口井的主人。这儿舒服极了，就像天堂一样，欢迎你到井下来做客。"

大海龟听了青蛙的话，也想下井去看看。可是，它的左腿还没有伸进去，__6__腿就被绊住了。于是，大海龟只好站在井口上告诉青蛙，海有多大、多深、多广。__7__这才知道，井外还有这么大的天地，它又惊奇又惭愧，感到自己的见识太渺小了。

这个故事告诉我们：做人要谦虚好学。

一．填空

|  | A | B | C | D |
|---|---|---|---|---|
| (1) | 他 | 它 | 她 | 你 |
| (2) | 开心 | 伤心 | 难过 | 孤单 |
| (3) | 跑 | 走 | 游 | 跳 |

|     |     |     |     |     |
| --- | --- | --- | --- | --- |
| (4) | 做 | 吃 | 看 | 听 |
| (5) | 小河 | 天空 | 大海 | 太阳 |
| (6) | 右 | 左 | 上 | 下 |
| (7) | 海龟 | 青蛙 | 井 | 大海 |

## 二. 选择

（1）起初，为什么青蛙觉得很幸福？

A. 内心很满足　　　　　　　　C. 没有奢望

B. 身体很好　　　　　　　　　D. 朋友很多

（2）有一天，什么动物和青蛙聊天？

A. 螃蟹　　　　　　　　　　　C. 鱼

B. 海龟　　　　　　　　　　　D. 蝌蚪

（3）青蛙见过大海吗？

A. 青蛙见过大海　　　　　　　B. 青蛙没见过大海

（4）井大还是大海大？

A. 井大　　　　　　　　　　　C. 大海大

B. 一样大　　　　　　　　　　D. 不清楚

（5）这个故事告诉我们什么道理？

A. 朋友的重要性　　　　　　　C. 做人不应该目光短浅

B. 心情很重要　　　　　　　　D. 太胖影响健康

## 三. 拼音

## 7 Jǐng dǐ zhī wā

Yǒu yì zhī qīng wā, tā zài yì kǒu jǐng lǐ zhù le hěn cháng shí jiān. Tā duì zì jǐ de shēng huó tè bié mǎn yì, měi tiān dōu guò de hěn kāi xīn. Tā gāo xìng de shí hou jiù zài jǐng lǐ tiào lái tiào qù, tiān rè le jiù dào shuǐ zhōng yóu lái yóu qù, tā jué de zì jǐ hěn xìng fú.

Yǒu yì tiān, tā chī le wǔ fàn, zhèng zài tǎng zhe xiū xi, hū rán tīng jiàn yǒu rén zài jiào tā. Tā tái qǐ tóu xiàng jǐng kǒu yí kàn, zhǐ jiàn yì zhī dà hǎi guī de tóu, jī hū zhē qù le jǐng kǒu shàng de bàn biān tiān. dà hǎi guī wèn tā,"qīng wā lǎo dì, nǐ jiàn guo dà hǎi ma?""Dà hǎi? Yǒu wǒ de jǐng dà ma? Hǎi guī lǎo xiōng, wǒ shì zhè kǒu jǐng de zhǔ rén. Zhè'er shū fu jí le, jiù xiàng tiān táng yí yàng, huān yíng nǐ dào jǐng xià lái zuò kè."

Dà hǎi guī tīng le qīng wā de huà, yě xiǎng xià jǐng qù kàn kàn. Kě shì, tā de zuǒ tuǐ hái méi yǒu shēn jìn qù, yòu tuǐ jiù bèi bàn zhù le. Yú shì, dà hǎi guī zhǐ hǎo zhàn zài jǐng kǒu shàng gào su qīng wā, hǎi yǒu duō dà, duō shēn, duō guǎng. qīng wā zhè cái zhī dào, jǐng wài hái yǒu zhè me dà de tiān dì, tā yòu jīng qí yòu cán kuì, gǎn dào zì jǐ de jiàn shi tài miǎo xiǎo le.

zhè ge gù shi gào su wǒ men: Zuò rén yào qiān xū hào xué.

## 四. 单词

| 单词 | 拼音 | 意思 |
| --- | --- | --- |
| 井 | jǐng | 우물 |
| 跳 | tiào | 높이 뛰다, 점프하다 |
| 抬起 | tái qǐ | 들어 올리다 |
| 遮 | zhē | 가리다, 막다 |
| 老弟 | lǎo dì | 동생, 자네 |
| 做客 | zuò kè | 손님이 되다 |
| 伸 | shēn | 뻗다, 내밀다 |
| 绊住 | bàn zhù | 걸리다 |
| 只好 | zhǐ hǎo | 할 수 없이, 어쩔 수 없이 |

| | | |
|---|---|---|
| 广 | guǎng | 넓다 |
| 惊奇 | jīng qí | 놀라며 의아해하다 |
| 惭愧 | cán kuì | 창피하다 |
| 渺小 | miǎo xiǎo | 보잘 것 없다, 매우 작다 |
| 谦虚 | qiān xū | 겸손하다 |
| 见识 | jiàn shi | 견문. 지식. 견해. 경험 |
| 好学 | hào xué | 배우는 것을 좋아하다. |

## 五. 韩语

### 7 정저지와 (우물 속 개구리)

한 마리의 개구리가 있었는데 그가 우물의 바닥에 오랫동안 살고 있었다. 개구리는 자신의 생활에 아주 만족하고 매일 즐거웠다. 그는 기쁠 때 우물 바닥에서 뛰어 다녔고 날이 더워지면 물 속을 헤엄치며 오갔다. 그는 자신이 매우 행복하다고 생각했다.

어느 날 개구리는 점심을 먹고 나서 누워 쉬고 있었는데, 갑자기 누가 그를 부른 것을 들었다. 그는 고개를 들어 우물 입구를 봤는데 바다 거북이 한 마리의 머리가 보였다. 그는 거의 우물 위의 하늘을 가릴 정도였다. 거북이는 개구리에게 바다를 본 적이 있냐고 물었다. "바다? 나의 우물만큼 커? 거북이 형, 나는 이 우물의 주인이야. 여기는 마치 하늘 나라처럼 너무 편해. 한 번 놀러 와. 초대해 줄게." 라고 개구리는 말했다.

거북이는 이 말을 듣고 한 번 들어가 보려 했지만, 왼 쪽 다리조차 들어가지 못 했는데 오른쪽 다리도 걸렸다. 그리하여 거북이는 어쩔 없이 우물 입구 위에 서서 바다라는 것이 얼마나 광대하고 깊고 넓은지를 개구리에게 알려 줬다. 그때서야 개구리는 우물 밖에는 이렇게 큰 세상이 있다는 것을 알았다. 그는 신기하고도 부끄러웠다. 자신의 견문이 너무 좁다고 느꼈다.

이 이야기는 우리에게 겸손하고 열심히 배우는 사람이 되어야 한다고 알려 준다.

## 8 狐假虎威

森林里，有一只老虎饿了，他正在找__1__的。一只狐狸从他身边经过，老虎扑过去，一下子把狐狸抓住了。他正要吃狐狸，狐狸大声说："老虎，你敢吃我！"

"为什么不敢？"老虎一愣。

"你听我说，我是上帝派来的百兽之王，你要是吃了__2__，上帝会很生气的。"

老虎松开了爪子，狐狸又说，"你不信的话，我可以带你去走走，看看动物们__3__不怕我。"老虎想了想，说："试一试也好。"

于是，狐狸和老虎，一前一__4__，往森林里走去。

森林里的小鹿啊，兔子啊，羊啊，猪啊，熊啊，看到狐狸后面的老虎，立刻逃跑了。老虎见了，还以为是怕__5__呢。他不知道，那些动物怕的其实是背后的自己。

这个故事告诉我们，要多思考，不要__6__看起来强大的人。

## 一．填空

|  | A | B | C | D |
|---|---|---|---|---|
| (1) | 看 | 吃 | 听 | 喝 |
| (2) | 他 | 她 | 人 | 我 |
| (3) | 怕 | 看 | 说 | 想 |
| (4) | 前 | 后 | 左 | 右 |

| (5) | 老虎 | 兔子 | 猪 | 狐狸 |
| (6) | 害怕 | 喜欢 | 讨厌 | 想 |

## 二. 选择

(1) 老虎遇到了什么动物?

A. 狐狸　　　　　　　　　　C. 狼

B. 上帝　　　　　　　　　　D. 小鹿

(2) 老虎为什么没吃狐狸?

A. 狐狸太丑了　　　　　　　C. 狐狸不够干净

B. 老虎不是很饿　　　　　　D. 他以为"狐狸是百兽之王"

(3) 森林里的动物见到狐狸后逃跑吗?

A. 逃跑了　　　　　　　　　B. 没有逃跑

(4) 森林里的动物更害怕老虎还是狐狸?

A. 怕狐狸　　　　　　　　　C. 一样怕

B. 怕老虎　　　　　　　　　D. 都不怕

(5) 这个故事告诉我们什么道理?

A. 做人应该有智慧　　　　　C. 做人不应该胆量小

B. 做人不要有智慧　　　　　D. 不要害怕看起来强大的人

## 三. 拼音

8 Hú jiǎ hǔ wēi

Sēn lín lǐ, yǒu yì zhī lǎo hǔ è le, tā zhèng zài zhǎo chī de. Yì zhī hú li cóng t ā shēn biān jīng guò, lǎo hǔ pū guò qù, yí xià zi bǎ hú li zhuā zhù le. Tā zhèng yào chī hú li, hú li dà shēng shuō:"lǎo hǔ, nǐ gǎn chī wǒ!"

"Wèi shén me bù gǎn?" lǎo hǔ yí lèng.

"Nǐ tīng wǒ shuō, wǒ shì shàng dì pài lái de bǎi shòu zhī wáng, nǐ yào shi chī le wǒ, shàng dì huì hěn shēng qì de."

lǎo hǔ sōng kāi le zhuǎ zi, hú li yòu shuō,"nǐ bú xìn de huà, wǒ kě yǐ dài nǐ qù zǒu zǒu, kàn kàn dòng wù men pà bú pà wǒ." lǎo hǔ xiǎng le xiǎng, shuō:"Shì yí shì yě hǎo."

Yú shì, hú li hé lǎo hǔ, yì qián yì hòu, wǎng sēn lín lǐ zǒu qù.

Sēn lín lǐ de xiǎo lù a, tù zǐ a, yáng a, zhū a, xióng a, kàn dào hú li hòu miàn de lǎo hǔ, lìkè táo pǎo le. lǎo hǔ jiàn le, hái yǐ wéi shì pà hú li ne. Tā bù zhī dào, nà xiē dòng wù pà de shì qí shí shì bèi hòu de zì jǐ.

zhè ge gù shi gào su wǒ men, yào duō sī kǎo, bú yào hài pà kàn qǐ lái qiáng dà de rén.

## 四. 单词

| 单词 | 拼音 | 意思 |
| --- | --- | --- |
| 扑 | pū | 달려들다 |
| 抓 | zhuā | 잡다 |
| 愣 | lèng | 멍해지다, 멍하다 |
| 兽 | shòu | 짐승 |
| 爪子 | zhuǎ zi | 발톱 |
| 鹿 | lù | 사슴 |
| 猪 | zhū | 돼지 |
| 熊 | xióng | 곰 |
| 其实 | qí shí | 사실 |
| 背后 | bèi hòu | 뒤에서 |
| 思考 | sī kǎo | 깊이 생각하다, 사고하다 |

| 强大 | qiáng dà | 강하다, 실력이 있다. |

## 五. 韩语

### 8 호가호위(여우가 호랑이의 위세를 빌려 호기를 부린다)

　숲에서 호랑이 한 마리가 있었다. 그는 배가 고파 먹을 것을 찾고 있었다. 여우 한 마리는 그의 옆을 지나갔다. 호랑이가 덤벼 들어 한번에 여우를 잡았다. 호랑이는 여우를 잡아 먹으려고 했으나 여우는 큰 소리로 외쳤다. "호랑아, 네가 감히 나를 잡아 먹을 수 있겠느냐?"

　"왜 먹지 못 해?" 호랑이는 멍해졌다.

　"내 말 좀 들어 봐, 내가 하느님께서 파견해 온 모든 동물들의 왕이야. 지금 나를 잡아 먹는다면 하느님이 아주 화를 내실 거야."

　호랑이는 발톱을 놓았다. "만약에 네가 나의 말을 믿지 않으면 내가 너를 데리고 가 볼게. 다른 동물들이 나를 두려워하는지 볼 수 있어." 라고 여우는 또 말했다. 호랑이는 생각해 본 후 "그래."라고 대답했다.

　그리하여 여우와 호랑이는 앞서거니 뒤서거니 하며 숲으로 걸어 갔다.

　숲 안에 있는 사슴, 토끼, 양, 돼지, 곰들이 여우 뒤의 호랑이를 보고 빨리 도망쳤다. 호랑이는 이를 보고 다들 여우를 무서워하는 줄 알았다. 그는 여우 뒤의 자신을 무서워하는 것을 몰랐다.

　이 이야기는 강해 보이는 사람을 두려워하지 말고 깊이 생각해야 한다고 알려 준다.

## 六. 写作

（1）用10分钟的时间阅读课文，然后不看书，复述并缩写以上文章。

（2）你见过"狐假虎威"的人吗？请举个例子。

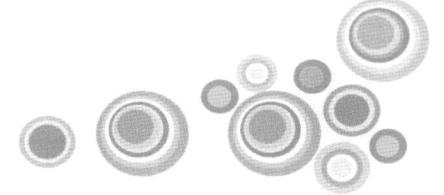

## 9 曹冲称象

古时候有个大官叫曹操。有一天，一个朋友送给他一只__1__，他十分高兴，带着家人和大臣一起去看大象。

大家都没有见过大象。大象又高又__2__，它的身体像一堵墙，腿像四根柱子。曹操问："这只大象真大，可是它到底有多__3__呢？你们谁有办法称一称它？"

有人说："必须造一杆很大的秤。"

又有人说："那得造多大一杆秤呀！再说，大象是活的，也没办法称呀！我看只有一个办法，就是把它宰了，割成一块一块的再称。"

曹操听了直摇头。

这时，从人群里走出一个__4__，对曹操说："父亲，我有个办法，可以称大象。"

曹操一看，正是他心爱的小儿子曹冲，就笑着问："你有什么办法？"

曹冲趴在曹操耳边，轻声地讲了起来。曹操一听连连叫好，吩咐人立刻准备称象，然后对大臣们说："走！咱们到河边看称象去！"

大臣们跟曹操来到__5__。河里停着一只大船，曹冲叫人把象赶到船上，看船身下沉多少，就沿着水面在船身上画了一条线。再把象赶到岸上，把大大小小的石头，一块一块地往船上装，船身就一点儿一点儿往下沉。等

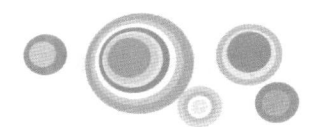

船身沉到刚才刻的那条线和水面一样齐了，曹冲就叫人停止装石头。

现在大家都明白了，只要把船里的石头都称一下，把重量加起来，就知道象有多重了。大臣们都不由得连声称赞："__6__办法！好办法！"

那一年，只有6岁的曹冲，就想出了这么好的主意，让曹操很__7__。

## 一．填空

|     | A | B | C | D |
| --- | --- | --- | --- | --- |
| (1) | 小狗 | 大象 | 兔子 | 小猫 |
| (2) | 大 | 小 | 低 | 矮 |
| (3) | 轻 | 重 | 漂亮 | 高 |
| (4) | 小孩 | 老人 | 妈妈 | 女人 |
| (5) | 家里 | 海边 | 河边 | 树旁 |
| (6) | 坏 | 好 | 高 | 小 |
| (7) | 高兴 | 难过 | 伤心 | 生气 |

## 二．选择

（1）大象有几只腿？

A. 两只　　　　　　　　　　C. 一只

B. 三只　　　　　　　　　　D. 四只

（2）曹冲多大？

A. 六岁　　　　　　　　　　C. 八岁

B. 七岁　　　　　　　　　　D. 九岁

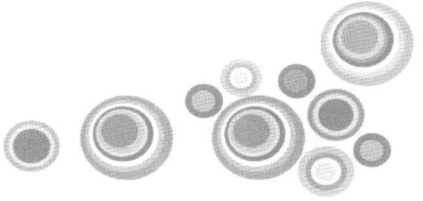

（3）曹操同意将大象宰了吗？

A. 同意了　　　　　　　　　　　　　　B. 没同意

（4）曹冲用什么办法称大象的重量？

A. 宰了大象　　　　　　　　　　　　　C. 造一杆很大的秤

B. 将大象放在船上，借助等量的石头的重量　　D. 不清楚

（5）从这篇文章可以看出，曹冲的性格特点是什么？

A. 忧郁　　　　　　　　　　　　　　　C. 懦弱

B. 聪明　　　　　　　　　　　　　　　D. 自满

## 三．拼音

9 Cáo chōng chēng xiàng

　　Gǔ shí hou yǒu gè dà guān jiào cáo cāo. Yǒu yì tiān, yí gè péng you sòng gěi tā yì zhī dà xiàng, tā shí fèn gāo xìng, dài zhe jiā rén hé dà chén yì qǐ qù kàn dà xiàng.

　　Dà jiā dōu méi yǒu jiàn guo dà xiàng. Dà xiàng yòu gāo yòu dà, tā de shēn tǐ xiàng yì dǔ qiáng, tuǐ xiàng sì gēn zhù zi. cáo cāo wèn:"Zhè zhī dà xiàng zhēn dà, Kě shì tā dào dǐ yǒu duō zhòng ne? nǐ men shuí yǒu bàn fǎ chēng yì chēng tā?"

　　yǒu rén shuō:"Bì xū zào yì gǎn hěn dà de chèng."

　　Yòu yǒu rén shuō:"Nà děi zào duō dà yì gǎn chèng ya! Zài shuō, dà xiàng shì huó de, yě méi bàn fǎ chēng ya! Wǒ kàn zhǐ yǒu yí gè bàn fǎ, jiù shì bǎ tā zǎi le, gē chéng yí kuài yí kuài de zài chēng."

　　cáo cāo tīng le zhí yáo tóu.

　　Zhè shí, cóng rén qún lǐ zǒuchū yí gè xiǎo hái, duì cáo cāo shuō:"fù qin, wǒ yǒu gè bàn fǎ, kě yǐ chēng dà xiàng."

　　cáo cāo yí kàn, zhèng shì tā xīn'ài de xiǎo ér zi cáo chōng, jiù xiào zhe wèn: "Nǐ yǒu shén me bàn fǎ?"

Cáo chōng pā zài cáo cāo ěr biān, qīng shēng de jiǎng le qǐ lái. cáo cāo yì tīng lián lián jiào hǎo, fēn fu rén lìkè zhǔn bèi chēng xiàng, rán hòu duì dà chén men shuō:"Zǒu! Zán men dào hé biān kàn chēng xiàng qù!"

dà chén men gēn cáo cāo lái dào hé biān. Hé lǐ tíng zhe yì zhī dàchuán, cáo chōng jiào rén bǎ xiàng gǎn dào chuán shàng, kàn chuán shēn xià chén duō shao, jiù yán zhe shuǐ miàn zài chuán shēn shang huà le yì tiáo xiàn. Zài bǎ xiàng gǎn dào àn shàng, bǎ dà dà xiǎo xiǎo de shí tou, yí kuài yí kuài de wǎng chuán shàng zhuāng, chuán shēn jiù yì diǎnr yì diǎnr wǎng xià chén. Děng chuán shēn chén dào gāng cái kè de nà tiáo xiàn hé shuǐ miàn yí yàng qí le, cáo chōng jiù jiào rén tíng zhǐ zhuāng shí tou.

Xiàn zài dà jiā dōu míng bái le, Zhǐ yào bǎ chuán lǐ de shí tou dōu chēng yí xià, bǎ zhòng liàng jiā qǐ lái, jiù zhī dào xiàng yǒu duō zhòng le. dà chén men dōu bù yóu de lián shēng chēng zàn:"Hǎo bàn fǎ! Hǎo bàn fǎ!"

Nà yì nián, zhǐ yǒu 6 suì de cáo chōng, jiù xiǎng chū le zhè me hǎo de zhǔ yi, ràng cáo cāo hěn gāo xìng.

## 四. 单词

| 单词 | 拼音 | 意思 |
| --- | --- | --- |
| 官 | guān | 관,벼슬 |
| 大臣 | dà chén | 대신,신하 |
| 堵 | dǔ | 담을 세는 단위 |
| 柱子 | zhù zi | 기둥 |
| 到底 | dào dǐ | 도대체 |
| 造 | zào | 제작하다,만들다 |
| 杆 | gǎn | 대,자루 |
| 宰 | zǎi | 도살하다,죽이다 |
| 割 | gē | 베다 |
| 人群 | rén qún | 군중 |

| 心爱 | xīn'ài | 진심으로 사랑하다 |
| --- | --- | --- |
| 趴 | pā | 기대다, 엎드리다 |
| 连连 | lián lián | 계속해서 |
| 叫好 | jiào hǎo | 갈채를 보내다 |
| 吩咐 | fēn fu | 분부하다 |
| 立刻 | lìkè | 곧 |
| 赶到 | gǎn dào | 쫓다 |
| 下沉 | xiàchén | 가라앉다 |
| 沿着 | yán zhe | 따라서 |
| 岸上 | àn shang | 언덕 위 |
| 装 | zhuāng | 담다 |
| 齐 | qí | 가지런하다 |
| 不由得 | bù yóu de | 저절로 |
| 连声 | lián shēng | 계속해서, 잇달아 |
| 称赞 | chēng zàn | 칭찬하다 |

## 五. 韩语

### 9 조충칭상(조충이 코끼리 무게를 잰다)

　　예전에 조조라는 고관이 있었다. 어느 날 친구가 코끼리 한 마리를 조조에게 선물로 보냈다. 조조는 아주 기뻐 가족들과 신하들이 함께 모두 코끼리를 보러 나갔다.

　　그 당시 그 누구도 코끼리를 본 적이 없었다. 코끼리는 키도 크고, 벽 같은 커다란 몸을 가지고 있으며, 다리 또한 굵어서 궁궐의 큰 기둥과 맞먹을 정도였다. "이 코끼리는 엄청 큰데, 코끼리의 무게가 도대체 얼마나 되는지 알고 싶구나. 누가 코끼리의 무게를 잴 수 있겠는가?" 조조가 물었다.

　　어떤 이는 "큰 저울을 하나 만들어 코끼리를 그 위에 놓고 달면 됩니다." 라고 했다.

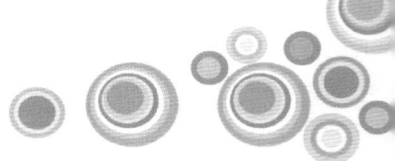

또 어떤 이는 "얼마나 큰 저울을 만들어야 하는 겁니까! 그리고 살아 있는 코끼리를 저울에 달 수 없습니다! 코끼리를 조각으로 잘라 달아 본 다음 그 무게를 모두 합치면 된다고 생각합니다." 라고 했다.

조조는 듣고 고개를 저었다.

바로 이때 한 어린이 나와 조조에게 "아버지, 저에게는 코끼리의 무게를 알 수 있는 방법이 하나 있습니다." 라고 했다.

이 아이는 바로 조조가 사랑하는 막내 아들 조충이다. 조조는 웃으며 어떤 방법이 있는지 물었다.

조충은 조조의 귀에 대고 몇 마디를 했다. 조조는 이를 듣고 계속 좋다고 하면서 사람들에게 코끼리 무게를 잴 준비를 하라고 명령했다. 신하들에게 "가자! 코끼리를 보러 강가로 가자!"

신하들은 조조를 따라 강가에 나갔다. 마침 강가에 빈 배 한 척이 있었다. 조조는 다른 사람을 시켜 코끼리를 배로 끌고 가도록 하였고, 이에 배는 조금 가라앉았다. 물에 잠긴 곳의 자국에 따라 뱃전에 선을 그었다. 그리고 코끼리를 배에서 내려 가게 했고 돌덩어리를 지고 와서 하나씩 배에 싣도록 했다. 배는 다시 천천히 가라앉기 시작했다. 조금 전 표시한 기호와 수면이 같은 위치에 일치하자 조충은 바위를 더 이상 배에 싣지 않도록 했다.

조금 전 표시한 기호와 수면이 같은 위치에 일치하자 조충은 바위를 더 이상 배에 싣지 않도록 했다. 그리고 마지막으로 배 위의 모든 바위의 무게를 재도록 명령했다. 그리하여 코끼리의 무게를 잴 수 있게 되었다.

이제 모두가 다 알게 되었다. 모든 돌덩어리의 무게를 보탠 것이 바로 코끼리의 무게이다. 신하들이 절로 "좋은 방법이다! 좋은 방법이다!" 라고 칭찬했다.

그해 6살 밖에 되지 않은 조충은 이렇게 똑똑한 방법을 생각해내 조조를 아주 뿌듯하게 했다.

## 六. 写作

（1）用10分钟的时间阅读课文，然后不看书，复述并缩写以上文章。

（2）如果是你，你会用什么办法称象？

## 10 司马光砸缸

北宋时，有一个聪明的小孩儿，他叫司马光。

有一天，他和小朋友们在花园里__1__。花园里有树、有花，还有假山，大家玩儿得很开心。一个小男孩儿爬到假山上玩儿，突然一不小心，掉进了假山旁边的大水缸里。水缸又大又高，里面都是__2__，小男孩在水里一边挣扎一边喊："救命啊！救命啊！"

这时，小朋友们才发现有人掉进缸里了。大家都不知道怎么办，有的小孩儿吓哭了，有的小孩吓跑了。

这时，司马光站出来说："大家不要害怕，我们赶紧想办法，把他救出来。"可是大家都不知道该怎么办。司马光__3__到山上的石头时，突然想到了一个__4__主意。他举起一块儿石头，用力朝水缸砸去，水缸破了，水哗哗地流了出来，小孩儿得救了。大家都夸司马光__5__。

这个故事告诉我们，遇事不能慌张，要大胆用创新思维解决__6__。

## 一．填空

|   | A | B | C | D |
|---|---|---|---|---|
| (1) | 吃饭 | 看书 | 玩儿 | 睡觉 |
| (2) | 水 | 土 | 石头 | 空气 |
| (3) | 听 | 写 | 看 | 说 |
| (4) | 好 | 坏 | 大 | 小 |

| (5) | 笨 | 帅 | 高 | 聪明 |
| (6) | 问题 | 爱好 | 花园 | 假山 |

## 二．选择

(1) 故事发生在什么朝代？

A. 唐朝　　　　　　　　　　C. 元朝

B. 宋朝　　　　　　　　　　D. 明朝

(2) 一个小伙伴掉进哪里了？

A. 湖里　　　　　　　　　　C. 海里

B. 河里　　　　　　　　　　D. 缸里

(3) 水缸里有水吗？

A. 有水　　　　　　　　　　B. 没有水

(4) 司马光怎样救了朋友？

A. 跳进缸里　　　　　　　　C. 将缸打碎

B. 去喊大人　　　　　　　　D. 嚎啕大哭

(5) 这个故事告诉我们什么道理？

A. 朋友的重要性　　　　　　C. 遇到问题不应该叫大人

B. 救人时周围环境很重要　　D. 遇事不能慌张，要大胆

## 三．拼音

10 Sī mǎ guāng zá gāng

Běi sòng shí, yǒu yí gè cōng míng de xiǎo hái'ér, tā jiào sī mǎ guāng.

Yǒu yì tiān, tā hé xiǎo péng yǒu men zài huā yuán li wán r. Huā yuán li yǒu shù, yǒu huā, hái yǒu jiǎ shān, dà jiā wán r de hěn kāi xīn. yí gè xiǎo nán hái'ér pá dào jiǎ shān shàng wán r, tū rán yí bù xiǎo xīn, diào jìn le jiǎ shān páng biān de dà shuǐ gāng l. Shuǐ gāng yòu dà yòu gāo, lǐ miàn dōu shì shuǐ, xiǎo nán hái zài shuǐ lǐ yì biān zhēng zhá yì biān hǎn:"Jiù mìng a! Jiù mìng a!"

Zhè shí, xiǎo péng yǒu men cái fā xiàn yǒu rén diào jìn gāng lǐ le. Dà jiā dōu bù zhī dào zěn me bàn, yǒu de xiǎo hái'ér xià kū le, yǒu de xiǎo hái xià pǎo le.

Zhè shí, sī mǎ guāng zhàn chū lái shuō:"Dà jiā bú yào hài pà, wǒ men gǎn jǐn xiǎng bàn fǎ, bǎ tā jiù chū lái." Kě shì dà jiā dōu bù zhī dào gāi zěn me bàn. Sī mǎ guāng kàn dào shān shàng de shí tou shí, tū rán xiǎng dào le yí gè hǎo zhǔ yi. Tā jǔ qǐ yí kuài er shí tou, yòng lì cháo shuǐ gāng zá qù, shuǐ gāng pò le, shuǐ huā huā de liú le chū lái, xiǎo hái'ér dé jiù le.

Dà jiā dōu kuā sī mǎ guāng cōng míng. zhè ge gù shi gào su wǒ men, yù shì bù néng huāng zhāng, yào dà dǎn yòng chuàng xīn sī wéi jiě jué wèn tí.

## 四. 单词

| 单词 | 拼音 | 意思 |
|---|---|---|
| 砸 | zá | 깨드리다 |
| 缸 | gāng | 항아리 |
| 假山 | jiǎ shān | 가산, 정원 등을 꾸미기 위해 만든 석가산 |
| 爬 | pá | 기다, 기어다니다 |
| 一不小心 | yí bù xiǎo xīn | 조심하지 않게, 조심하지 못해 |
| 挣扎 | zhēng zhá | 힘써 버티다[지탱하다]. 발버둥치다. |
| 吓哭 | xià kū | 놀라서 울다 |
| 赶紧 | gǎn jǐn | 서둘러. 급히. 재빨리. |
| 主意 | zhǔ yi | 아이디어, 생각, 방법 |
| 举起 | jǔ qǐ | 들어 올리다 |
| 破 | pò | 깨지다 |

| 哗哗 | huā huā | (의성어) 쫠쫠,좌르르 |
|---|---|---|
| 流 | liú | 흐르다, 흘리다. |
| 夸 | kuā | 칭찬하다 |
| 慌张 | huāng zhāng | 당황하다 |
| 创新 | chuàng xīn | 창조하다, 창의적이다. 창조성 |
| 思维 | sī wéi | 사고 방식 |

## 五. 韩语

### 10 사마광잡항(사마광이 항아리를 깨뜨리기)

북송 때 사마광이라는 한 똑똑한 아이가 있었다.

어느 날 그는 친구들과 공원에서 놀고 있었다. 공원에서 나무, 꽃, 석가산이 있어 다들 모두 즐겁게 놀고 있었다. 한 아이가 석가산에 올라가서 놀려고 하는데 갑자기 석가산 옆의 항아리에 빠졌다. 항아리는 크고 높았으며 물로 가득 채워져 있었기에 그 아이는 몸부림치며 외쳤다. "살려주세요! 살려주세요!"

이 때 친구들은 누가 항아리에 빠졌다는 사실을 알게 되었다. 다들 어떻게 해야 하는지 몰라 놀라서 운 아이도 있었고 도망친 아이도 있었다.

그 때 사마광이 나와 다들 겁먹지 마라고 하면서, 우리가 아이를 구할 방법을 빨리 생각해 보자고 말했다. 하지만 다들 어떻게 해야 할지 몰랐다. 사마광은 산 위의 돌을 보고 좋은 방법이 생각났다. 그는 돌을 하나 들고 항아리를 힘껏 깨뜨렸다. 항아리는 구멍이 나고 물이 다 쏟아져 아이는 위험에 벗어났다.

이 이야기는 어려움을 만나면 당황하지 않고 창의적인 사고로 문제를 해결해야 한다고 알려 준다.

## 六. 写作

（1）用10分钟的时间阅读课文，然后不看书，复述并缩写以上文章。

（2）如果是你，你会怎么救那个小朋友？

## 11 乌鸦喝水

一只乌鸦非常口渴，它飞来飞去，到处找__1__喝。它找了很久，终于发现不远处有一个水瓶，便高兴地飞了过去。可是，水瓶里水太少了，瓶口又__2__，瓶颈又长，乌鸦试了一次又一次，都没能喝到水。这可怎么办呢？

乌鸦试着把水瓶推倒，可是水瓶太重了，乌鸦用尽了全身的__3__，水瓶就是一动不动。

乌鸦盯着瓶子里面的水，又渴又累，急坏了。它一气之下，从不远处叼来一块石子，朝着水瓶砸下去。他本想把水瓶砸坏之后喝水，没想到石子"扑通"一声正好落进了水瓶里。

水瓶一点儿都没破。不过细心的乌鸦发现，里面的水好像比原来高了一些。

"有办法了，这下我能喝到水了。"乌鸦非常__4__，他"哇哇"地大叫着行动起来。他叼来许多石子，把它们一块儿一块儿地扔到水瓶里。随着石子的增__5__，水瓶里的水也一点儿一点儿地慢慢向__6__升……

水面越升越高，就这样，乌鸦终于顺利地喝到了水。

这个故事是说，智慧往往胜过力气。

一．填空

|  | A | B | C | D |
|---|---|---|---|---|
| (1) | 饭 | 水 | 花 | 草 |
| (2) | 小 | 大 | 高 | 低 |
| (3) | 时间 | 力气 | 耳朵 | 手 |
| (4) | 伤心 | 生气 | 难过 | 高兴 |
| (5) | 多 | 少 | 小 | 大 |
| (6) | 下 | 左 | 右 | 上 |

## 二．选择

（1）起初，乌鸦为什么没有喝到水？

A. 水瓶里没有水　　　　　　　　　C. 水瓶里水太少

B. 乌鸦不渴　　　　　　　　　　　D. 很多乌鸦一起争抢喝水

（2）乌鸦叼来什么东西扔进瓶子里？

A. 硬币　　　　　　　　　　　　　C. 羽毛

B. 石子　　　　　　　　　　　　　D. 唾液

（3）乌鸦最后喝到水了吗？

A. 喝到水了　　　　　　　　　　　B. 没有喝到水

（4）瓶子里的水为什么上升了？

A. 乌鸦施了魔法　　　　　　　　　C. 石头将水挤上去了

B. 乌鸦运气好　　　　　　　　　　D. 乌鸦感动了上帝

（5）这个故事告诉我们什么道理？

A. 翅膀很重要

C. 智慧很重要

B. 运气很重要

D. 信仰很重要

## 三．拼音

### 11 Wū yā hē shuǐ

　　Yì zhī wū yā fēi cháng kǒu kě, tā fēi lái fēi qù, dào chù zhǎo shuǐ hē. Tā zhǎo le hěn jiǔ, zhōng yú fā xiàn bù yuǎn chù yǒu yí gè shuǐ píng, biàn gāo xìng de fēi le guò qù. Kě shì, shuǐ píng lǐ shuǐ tài shǎo le, píng kǒu yòu xiǎo, píng jǐng yòu cháng, wū yā shì le yí cì yòu yí cì, dōu méi néng hē dào shuǐ. Zhè kě zěn me bàn ne?

　　Wū yā shì zhe bǎ shuǐ píng tuī dǎo, Kě shì shuǐ píng tài zhòng le, wū yā yòng jìn le quán shēn de lì qi, shuǐ píng jiù shì yí dòng bú dòng.

　　Wū yā dīng zhe píng zi lǐ miàn de shuǐ, yòu kě yòu lèi, jí huài le. Tā yí qì zhī xià, cóng bù yuǎn chù diāo lái yí kuài shí zǐ, cháo zhe shuǐ píng zá xià qù. Tā běn xiǎng bǎ shuǐ píng zá huài zhī hòu hē shuǐ, méi xiǎng dào shí zǐ "pū tōng" yì shēng zhèng hǎo luò jìn le shuǐ píng lǐ.

　　Shuǐ píng yì diǎnr dōu méi pò. Bú guò xì xīn de wū yā fā xiàn, lǐ miàn de shuǐ hǎo xiàng bǐ yuán lái gāo le yì xiē.

　　"Yǒu bàn fǎ le, zhè xià wǒ néng hē dào shuǐ le." Wū yā fēi cháng gāo xìng, tā "wā wā" de dà jiào zhe xíng dòng qǐ lái. Tā diāo lái xǔ duō shí zǐ, bǎ tā men yí kuàir yí kuàir de rēng dào shuǐ píng lǐ. Suí zhe shí zǐ de zēng duō, shuǐ píng lǐ de shuǐ yě yì diǎnr yì diǎnr de màn man xiàng shàng shēng……

　　shuǐ miàn yuè shēng yuè gāo, jiù zhè yàng, wū yā zhōng yú shùn lì de hē dào le shuǐ.

　　zhè ge gù shi shì shuō, zhì huì wǎng wǎng shèng guò lì qi.

## 四．单词

| 单词 | 拼音 | 意思 |
| --- | --- | --- |
| 乌鸦 | wū yā | 까마귀 |

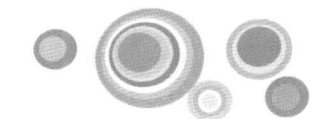

| 到处 | dào chù | 곳곳,도처에 |
|---|---|---|
| 便 | biàn | 바로,그래서 |
| 瓶颈 | píng jǐng | 병목 |
| 推倒 | tuī dǎo | 밀어뜨리다 |
| 一动不动 | yí dòng bú dòng | 꼼짝하지 않다 |
| 盯着 | dīng zhe | 주시하다 |
| 急坏 | jí huài | 애태우다,애타다 |
| 一气之下 | yí qì zhī xià | 홧김에 |
| 叼 | diāo | 입에 물다 |
| 扑通 | pū tōng | 쾅 |
| 落进 | luò jìn | 떨어져서 들어가다 |
| 细心 | xì xīn | 세심하다 |
| 哇哇 | wā wā | 까악까악 |
| 随着 | suí zhe | …에 따라 |
| 升 | shēng | 오르다 |
| 顺利 | shùn lì | 순조롭다 |
| 智慧 | zhì huì | 지혜 |
| 胜过 | shèng guò | …보다 낫다 |

## 五. 韩语

### 11 까마귀는 물을 마신다.

    목이 말라 물을 찾아 날아 다니고 있는 까마귀가 한 마리 있었다. 오랫동안 찾다가 드디어 멀지 않는 곳에서 물병 하나를 보고 물병으로 기쁘게 날아갔다. 그러나 물병 안의 물이 너무 적었고 뚜껑이 작았으며 병의 목이 길어서 까마귀는 여러 번 물을 마시려 시도했는데도 물을 마시지 못했다.

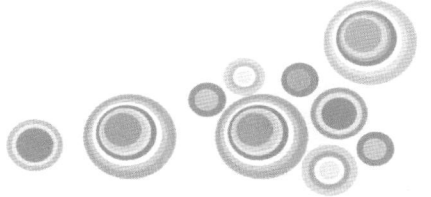

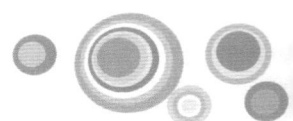

까마귀는 물병을 무너뜨리려고 했는데 물병이 너무 무거워 온 힘을 다해 물병을 밀어도 물병이 쓰러지지 않았다.

물병 안의 물을 보며, 까마귀는 목이 마르고 피곤했다. 그는 홧김에 멀지 않은 곳에서 돌을 물어와 물병을 깨뜨리고 싶었다. 원래는 물병을 깨뜨려 물을 마시려고 했는데 의외로 돌이 풍덩 하고 물병 안으로 떨어졌다.

물병이 하나도 깨지지 않았지만 꼼꼼한 까마귀는 병 안의 물의 위치가 전보다 높아진 것을 발견했다.

"내가 물 마실 수 있는 방법이 생겼다." 까마귀는 매우 기뻐했고, 와와 하며 행동하기 시작했다. 그는 많은 돌을 물어와 하나씩 물병 안으로 던졌다. 돌이 많아지면서 물병의 물이 조금씩 올라가고 있었다.

물 표면이 높아졌고 까마귀는 순조롭게 물을 마셨다.

이 이야기는 우리에게 지혜가 항상 힘을 이긴다는 것을 말해 준다.

## 六．写作

（1）用10分钟的时间阅读课文，然后不看书，复述并缩写以上文章。

（2）如果你是乌鸦，你会怎么做？

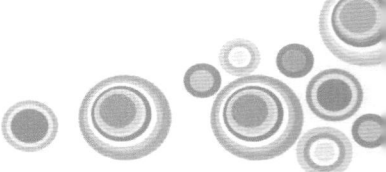

## 12 掩耳盗铃

从前有一个人，他__1__见人家大门上挂着一个铃铛，很想把它偷走。

他明明知道，那个铃铛只要用__2__一碰，就会丁零丁零地响起来，立刻会被人发现。可是他想："如果我把__3__掩住，不就听不见声音了吗？"他掩住了自己的耳朵，伸手去__4__铃铛。

没想到，手刚碰到铃铛，他就被人发觉了。结果他被这家的主人抓住了。

这个故事告诉我们：自己欺骗__5__是没有用的。

### 一．填空

|     | A    | B    | C    | D    |
| --- | ---- | ---- | ---- | ---- |
| (1) | 看   | 听   | 说   | 吃   |
| (2) | 苹果 | 手   | 门   | 脚   |
| (3) | 鼻子 | 嘴   | 眼睛 | 耳朵 |
| (4) | 偷   | 听   | 看   | 说   |
| (5) | 别人 | 家人 | 自己 | 朋友 |

### 二．选择

(1) 这个人想偷走什么？

A．大门  
B．铃铛  
C．耳朵  
D．主人

（2）偷铃铛的人为什么要堵住耳朵？

A. 担心主人听见　　　　　　　C. 担心自己听见

B. 担心震耳朵　　　　　　　　D. 一时糊涂

（3）偷铃铛的人被发现了吗？

A. 被发现了　　　　　　　　　B. 没有被发现

（4）主人为什么发现有人偷铃铛？

A. 听到铃铛的响声　　　　　　C. 有人告密

B. 第六感　　　　　　　　　　D. 无意看到的

（5）这个故事告诉我们什么道理？

A. 做人应该直率　　　　　　　C. 自己欺骗自己没用

B. 不能偷铃铛　　　　　　　　D. 应该勇敢

## 三．拼音

12 Yǎn'ěr dào líng

Cóng qián yǒu yí gè rén, tā kàn jiàn rén jiā dà mén shàng guà zhe yí gè líng dāng, hěn xiǎng bǎ tā tōu zǒu.

Tā míng míng zhī dào, nà gè líng dāng Zhǐ yào yòng shǒu yí pèng, jiù huì dīng ling dīng ling de xiǎng qǐ lái, lìkè huì bèi rén fā xiàn. Kě shì tā xiǎng:"Rú guǒ wǒ bǎ ěr duo yǎn zhù, bú jiù tīng bú jiàn shēng yīn le ma?" Tā yǎn zhù le zì jǐ de ěr duo, shēn shǒu qù tōu líng dāng.

Méi xiǎng dào, shǒu gāng pèng dào líng dāng, tā jiù bèi rén fā jué le. Jié guǒ tā bèi zhè jiā de zhǔ rén zhuā zhù le.

zhè ge gù shi gào su wǒ men: zì jǐ qī piàn zì jǐ shì méi yǒu yòng de.

## 四. 单词

| 单词 | 拼音 | 意思 |
|---|---|---|
| 掩耳盗铃 | yǎn'ěr dào líng | 귀를 막고 방울을 훔치다 |
| 挂 | guà | 걸다 |
| 铃铛 | líng dāng | 방울 |
| 偷 | tōu | 훔치다 |
| 明明 | míng míng | 분명히 |
| 碰 | pèng | 건드리다 |
| 丁零丁零 | dīng ling dīng ling | 딸랑딸랑 |
| 响起来 | xiǎng qǐ lái | 울리기 시작하다 |
| 伸手 | shēn shǒu | 손을 내밀다 |
| 发觉 | fā jué | 발견하다 |
| 欺骗 | qī piàn | 속이다 |

## 五. 韩语

### 12 엄이도령(귀를 막고 방울을 훔친다)

옛날에 문에 걸려 있는 종을 보면 그것을 훔치고 싶은 사람이 있었다.

그는 종을 손으로 만지면 종이 따르릉 소리를 내 금방 발견될 것을 분명히 알고 있었다. 그러나 귀를 가리면 종소리가 들리지 않겠다고 생각했다. 그리하여 그는 자신의 귀를 가리고 손을 뻗어 종을 훔쳤다.

그러나 그의 손이 종에 닿자 마자 다른 사람에 의해 발견되었다. 결국 그는 그 집의 주인에게 붙잡혔다.

이 이야기는 우리에게 자신을 속이는 것이 소용이 없다는 것을 알려 준다.

## 13 刻舟求剑

从前，有一个楚国人，他要坐__1__渡江。他坐船的时候，很不小心，结果剑掉到__2__里去了。

他马上在船的边上用刀刻下一个记号，说："我的剑是从这里掉下去的。"船终于到了目的地，停了下来。他不慌不忙地从船上刻着__3__的地方跳下水去寻找__4__。结果找了半天，也没__5__到。他没想到，船走了很长时间，但剑并没有移动，用这个方法，怎么可能找到剑呢？

这个故事告诉我们：要用__6__发展的眼光来看待问题。

一．填空

|     | A    | B    | C    | D    |
|-----|------|------|------|------|
| (1) | 车   | 地铁 | 船   | 马   |
| (2) | 水   | 土   | 船   | 衣服 |
| (3) | 记号 | 水   | 剑   | 画   |
| (4) | 船   | 人   | 鱼   | 剑   |
| (5) | 听   | 找   | 吃   | 放   |
| (6) | 变化 | 停止 | 不变 | 细心 |

二．选择

（1）主人公是哪国人？

A. 秦国人 　　　　　　　　　　　　B. 韩国人

C. 楚国人　　　　　　　　　　D. 赵国人

(2) 有一天，他什么东西掉进河里了？

A. 剑　　　　　　　　　　　　C. 刀

B. 钱　　　　　　　　　　　　D. 笔

(3) 他找到了自己的剑了吗？

A. 找到了　　　　　　　　　　B. 没有找到

(4) 他用刀做了什么？

A. 扔进河里　　　　　　　　　C. 在船上刻了记号

B. 威胁船夫帮助他　　　　　　D. 拿出来观赏

(5) 这个故事告诉我们什么道理？

A. 坐船要小心　　　　　　　　C. 要用变化发展的眼光来看待问题

B. 坐船不应该带剑　　　　　　D. 要学会积极寻求别人帮助

# 三．拼音

## 13 Kè zhōu qiú jiàn

Cóng qián, yǒu yí gè chǔ guó rén, tā yào zuò chuán dù jiāng. Tā zuò chuán de shí hou, hěn bù xiǎo xīn, jié guǒ jiàn diào dào shuǐ lǐ qù le.

Tā mǎ shàng zài chuán de biān shàng yòng dāo kè xià yí gè jì hào, shuō:"Wǒ de jiàn shì cóng zhè li diào xià qù de." Chuán zhōng yú dào le mù dì dì, tíng le xià lái. Tā bù huāng bù máng de cóng chuán shàng kè zhe jì hào de dì fāng tiào xià shuǐ qù xún zhǎo jiàn. Jié guǒ zhǎo le bàn tiān, yě méi zhǎo dào. Tā méi xiǎng dào, chuán zǒu le hěn cháng shí jiān, dàn jiàn bìng méi yǒu yí dòng, yòng zhè ge fāng fǎ, zěn me kě néng zhǎo dào jiàn ne?

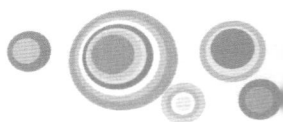

zhè ge gù shi gào su wǒ men: Yào yòng biàn huà fā zhǎn de yǎn guāng lái kàn dài wèn tí.

## 四．单词

| 单词 | 拼音 | 意思 |
| --- | --- | --- |
| 从前 | cóng qián | 옛날, 오래전에 |
| 渡江 | dù jiāng | 강을 건너다 |
| 剑 | jiàn | 검 |
| 刻 | kè | 새기다 |
| 记号 | jì hào | 기호 |
| 目的地 | mù dì dì | 목적지 |
| 不慌不忙 | bù huāng bù máng | 서두르지 않다, 당황하지 않다. |
| 寻找 | xún zhǎo | 찾다 |
| 移动 | yí dòng | 움직이다, 이동하다 |
| 眼光 | yǎn guāng | 안목, 눈빛 |
| 看待 | kàn dài | 취급하다, 다루다, 보다 |

## 五．韩语

### 13 각주구점(배에 기호를 새긴 후 칼을 찾는다)

옛날에 배를 타고 강을 건너고 싶어하는 추나라의 한 사람이 있었다. 그가 배에 탔을 때, 검이 물에 빠졌다.

그는 곧바로 배 옆에 칼로 기호를 새기고 "내 칼이 여기서 떨어졌다"고 말했고, 마침내 목적지에 도달하여 멈췄다. 그는 검을 찾기 위해 배의 표시된 곳에서 서둘러 뛰어 내렸다. 검을 오랫동안 찾았지만 찾을 수 없었다. 배가 오래 이동했지만 검이 움직이지 않은 것을 그는 생각하지 못 했다. 이 방법으로 어떻게 검을 찾을 수 있을까?

이 이야기는 우리에게 변화와 발전의 눈으로 문제를 바라 보아야 한다고 말해 준다.

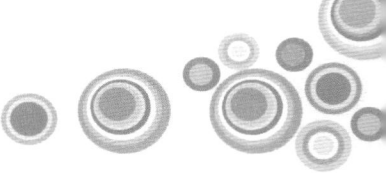

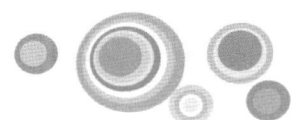

## 14 凿壁偷光

西汉时候,有个农民的孩子叫匡衡,他小时候很喜欢读书,可是因为家里穷,所以他没有__1__上学。匡衡买不起书,只好借书来读,那个时候书是非常贵重的,有书的人不肯轻易地__2__给别人。

匡衡就去给有钱的人家打工,不要钱,只求人家借__3__给他看。他一天到晚在地里干活儿,只有中午休息的时候才有时间看一点儿书,所以一本书常常要十天半个月才能读__4__。

匡衡很着急,心里想:"白天要工作,没有时间看书,我可以晚上看书。"可是,匡衡家里很穷,买不起点灯的油,怎么办呢?有一天晚上,匡衡躺在床上背白天读过的书,背着背着突然看到旁边的墙壁上透过来一线亮__5__。

他站起来,走到墙壁边一看,"啊",原来从壁缝里透过来的是邻居的灯光。于是,匡衡想了个办法,他拿了一把小刀,把墙缝挖大了一些,这样透过来的光亮也大了。他就凑着透过来的光亮,读起书来。

匡衡就是这样刻苦地__6__,后来成了一个很有学问的人。

这个故事告诉我们:要__7__时间,刻苦学习。

## 一. 填空

|  | A | B | C | D |
|---|---|---|---|---|
| (1) | 时间 | 书 | 钱 | 朋友 |

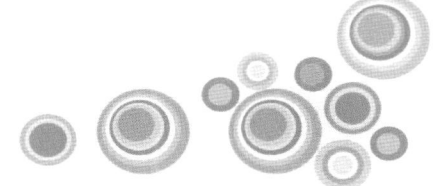

| (2) | 送 | 借 | 扔 | 卖 |
| --- | --- | --- | --- | --- |
| (3) | 书 | 钱 | 饭 | 衣服 |
| (4) | 开始 | 起来 | 完 | 喜欢 |
| (5) | 书 | 墙 | 桌子 | 光 |
| (6) | 学习 | 工作 | 写字 | 睡觉 |
| (7) | 珍惜 | 浪费 | 忘记 | 喜欢 |

## 二．选择

（1）故事发生在什么时候？

A. 宋代　　　　　　　　　　　C. 东汉

B. 西汉　　　　　　　　　　　D. 南朝


（2）匡衡家为什么没有油灯？

A. 油灯不安全　　　　　　　　C. 当时的社会没有生产油灯

B. 油灯用完了　　　　　　　　D. 家里太穷，买不起油灯


（3）匡衡打算晚上看书吗？

A. 打算　　　　　　　　　　　B. 不打算


（4）匡衡怎样解决没有灯光的难题？

A. 向隔壁借灯　　　　　　　　C. 买油灯

B. 把墙壁凿开　　　　　　　　D. 不看书了


（5）匡衡有什么优秀的品质？

A. 诚实　　　　　　　　　　　C. 勤奋好学

B. 单纯　　　　　　　　D. 天真

## 三. 拼音

　　　　　14 Záo bì tōu guāng

　　Xī hàn shí hou, yǒu gè nóng mín de hái zi jiào kuāng héng, tā xiǎo shí hou hěn xǐ huan dú shū, Kě shì yīn wèi jiā lǐ qióng, suǒ yǐ tā méi yǒu qián shàng xué. Kuāng héng mǎi bu qǐ shū, zhǐ hǎo jiè shū lái dú, nà ge shí hou shū shì fēi cháng guì zhòng de, yǒu shū de rén bù kěn qīng yì de jiè gěi bié rén.

　　Kuāng héng jiù qù gěi yǒu qián de rén jiā dǎ gōng, bú yào qián, zhǐ qiúrén jiā jiè shū gěi tā kàn. Tā yì tiān dào wǎn zài dì li gàn huór, zhǐ yǒu zhōng wǔ xiū xi de shí hou cái yǒu shí jiān kàn yì diǎnr shū, suǒ yǐ yì běn shū cháng cháng yào shí tiān bàn gè yuè cái néng dú wán.

　　Kuāng héng hěn zháo jí, xīn lǐ xiǎng:"Bái tiān yào gōng zuò, méi yǒu shí jiān kàn shū, wǒ kě yǐ wǎn shàng kàn shū." Kě shì, kuāng héng jiā lǐ hěn qióng, mǎi bù qǐ diǎn dēng de yóu, zěn me bàn ne? Yǒu yì tiān wǎn shàng, kuāng héng tǎng zài chuáng shàng bèi bái tiān dú guò de shū, bèi zhe bèi zhe tū rán kàn dào páng biān de qiáng bì shàng tòu guò lái yí xiàn liàng guāng.

　　Tā zhàn qǐ lái, zǒu dào qiáng bì biān yí kàn,"a", yuán lái cóng bì fèng lǐ tòu guò lái de shì lín jū de dēng guāng. Yú shì, kuāng héng xiǎng le gè bàn fǎ, tā ná le yì bǎ xiǎo dāo, bǎ qiáng fèng wā dà le yì xiē, zhè yàng tòu guò lái de guāng liàng yě dà le. Tā jiù còu zhe tòu guò lái de guāng liàng, dú qǐ shū lái.

　　Kuāng héng jiù shì zhè yàng kè kǔ de xué xí, hòu lái chéng le yí gè hěn yǒu xué wèn de rén.

　　zhè ge gù shi gào su wǒ men: Yào zhēn xī shí jiān, kè kǔ xué xí.

## 四. 单词

| 单词 | 拼音 | 意思 |
| --- | --- | --- |
| 凿 | záo | 뚫다 |
| 穷 | qióng | 가난하다 |

| 买不起 | mǎi bu qǐ | 비싸서 살 수 없다 |
| 肯 | kěn | 기꺼이 동의하다. |
| 轻易地 | qīng yì de | 쉽게 |
| 打工 | dǎ gōng | 아르바이트하다, 일하다 |
| 求 | qiú | 부탁하다 |
| 一天到晚 | yì tiān dào wǎn | 하루종일 |
| 点灯 | diǎn dēng | 등불을 켜다 |
| 背 | bèi | 외우다 |
| 透 | tòu | 스며들다 |
| 一线 | yí xiàn | 한 줄기 |
| 缝 | fèng | 틈 |
| 凑着 | còu zhe | 접근하다, 다가가다 |
| 刻苦 | kè kǔ | 고생을 참아 내다, 몹시 애를 쓰다. |
| 学问 | xué wèn | 학식, 지식, 학문 |

## 五. 韩语

### 14 착벽투광(벽에 구멍을 뚫고 빛을 빌려 공부하다.)

서한 시기에 한 농민의 아이인 광형이 있었다. 그는 어렸을 때 책 읽는 것을 좋아했지만 가난했기 때문에 돈이 없어서 학교에 가지 못했다. 광형은 책을 사지 못해서 책을 빌려 읽었다. 그 당시에는 책이 매우 귀중하여 책을 가진 사람은 일반적으로 남들에게 책을 쉽게 빌려주지 않았다.

그래서 광형은 부잣집에 일하러 갔다. 돈은 받지 않고 책을 빌려주는 것 만을 원했다. 그는 하루 종일 밭에서 일하고 점심 쉬는 동안에만 책을 읽을 수 있었다. 그래서 책 한 권을 다 읽으려면 늘 열흘이나 보름이 걸렸다.

광형은 매우 조급하여 낮에는 일을 해야 해서 책을 읽을 시간이 없고 밤에 책을 읽어야 겠다고 마음속으로 생각했다. 그런데 광형의 집이 매우 가난해서 등을 켤 기름을 살 수 없었

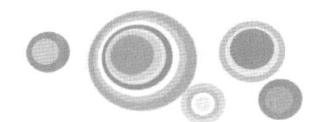

다. 어떻게 해야 할까? 어느 밤에 광형은 침대에 누워 낮에 읽었던 책을 외우고 외우다 보니 갑자기 옆의 벽에서 한 줄기의 빛이 들어왔다.

그가 일어나서 벽 옆에 다가가 보니 "아!" 벽 틈으로 들어온 것은 이웃집의 불빛이었다. 이를 보고 광형은 방법을 생각해 냈다. 그는 칼로 벽 틈을 크게 팠고, 그 틈을 뚫고 들어오는 빛이 강해졌다. 그는 그 틈 사이로 들어오는 불빛으로 책을 읽었다.

광형은 이렇듯 열심히 공부하여 유식한 사람이 되었다.

이 이야기는 우리에게 시간을 아껴 열심히 공부해야 한다고 말해 준다.

## 六．写作

（1）用10分钟的时间阅读课文，然后不看书，复述并缩写以上文章。

（2）你还知道其他的勤奋学习的故事吗？

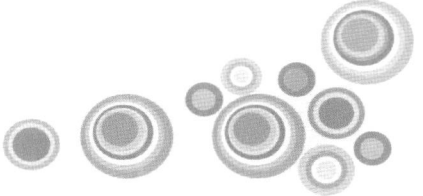

## 15 龟兔赛跑

兔子在路上碰见了一只__1__，乌龟爬得特别__2__。兔子哈哈大笑起来，"好笨的乌龟，哈哈哈。"乌龟很生气，说："你别得意，我也能跑得比你快。"

"什么？那咱们比一比。"兔子不相信乌龟的话，觉得自己一定能赢。

比赛一开始，兔子就飞快地__3__起来，把乌龟远远地甩在了__4__。可是兔子跑到一半时，就躺在路边呼呼大睡起来。它美滋滋地想着，"我这么厉害，先睡一觉再跑也不迟。"它__5__得又香又甜，把比赛都忘得一干二净了。乌龟呢，他一刻不停地爬啊爬，兔子醒来的时候，乌龟早已经到达了终点。

这个故事告诉我们：虚心使人__6__，骄傲使人落后。

一．填空

|  | A | B | C | D |
|---|---|---|---|---|
| (1) | 兔子 | 乌龟 | 小鸟 | 老虎 |
| (2) | 高 | 低 | 快 | 慢 |
| (3) | 跑 | 走 | 坐 | 躺 |
| (4) | 后面 | 前面 | 左面 | 右面 |
| (5) | 吃 | 看 | 听 | 睡 |
| (6) | 高兴 | 进步 | 落后 | 伤心 |

## 二. 选择

(1) 兔子在路上遇见了谁？

A. 青蛙　　　　　　　　　　C. 老虎

B. 乌龟　　　　　　　　　　D. 蜗牛

(2) 正常情况下，兔子跑得快还是乌龟爬得快？

A. 兔子快　　　　　　　　　C. 蜗牛快

B. 乌龟快　　　　　　　　　D. 一样快

(3) 谁赢得了比赛？

A. 兔子　　　　　　　　　　B. 乌龟

(4) 兔子在路上做了什么？

A. 睡觉　　　　　　　　　　C. 做游戏

B. 奔跑　　　　　　　　　　D. 吃蔬菜

(5) 这个故事告诉我们什么道理？

A. 谦虚的重要　　　　　　　C. 应该多锻炼跑步

B. 跑步的速度很重要　　　　D. 跑步时不应该睡觉

## 三. 拼音

### 15 Guī tù sài pǎo

　　Tù zi zài lù shàng pèng jiàn le yì zhī wū guī, wū guī pá de tè bié màn. Tù zi hā hā dà xiào qǐ lái,"hǎo bèn de wū guī, hā hā hā." Wū guī hěn shēng qì, shuō:"Nǐ bié dé yì, wǒ yě néng pǎo de bǐ nǐ kuài."

　　"shén me? Nà zán men bǐ yì bǐ." Tù zi bù xiāng xìn wū guī de huà, jué de zì jǐ yí dìng néng yíng.

Bǐ sài yì kāi shǐ, tù zi jiù fēi kuài de pǎo qǐ lái, bǎ wū guī yuǎn yuǎn de shuǎi zài le hòu miàn. Kě shì tù zi pǎo dào yí bàn shí, jiù tǎng zài lù biān hū hū dà shuì qǐ lái. Tā měi zī zī de xiǎng zhe, "wǒ zhè me lì hai, xiān shuì yí jiào zài pǎo yě bù chí." Tā shuì de yòu xiāng yòu tián, bǎ bǐ sài dōu wàng de yì gān èr jìng le. Wū guī ne, tā yí kè bù tíng de pá a pá, tù zi xǐng lái de shí hou, wū guī zǎo yǐ jīng dào dá le zhōng diǎn.

zhè ge gù shi gào su wǒ men: Xū xīn shǐ rén jìn bù, jiāo'ào shǐ rén luò hòu.

## 四. 单词

| 单词 | 拼音 | 意思 |
| --- | --- | --- |
| 碰见 | pèng jiàn | (우연히) 만나다. 마주치다. 부딪치다. |
| 得意 | dé yì | 득의하다 |
| 赢 | yíng | 이기다 |
| 飞快地 | fēi kuài de | 신속하게, 재빠르게 |
| 甩 | shuǎi | (뒤에) 떼어놓다, 제치다 |
| 躺 | tǎng | 눕다 |
| 呼呼大睡 | hū hū dà shuì | 쿨쿨거리며 자다 |
| 美滋滋 | měi zī zī | 흐뭇하다 |
| 厉害 | lì hai | 대단하다 |
| 又香又甜 | yòu xiāng yòu tián | 편하고 달콤하다 |
| 一干二净 | yì gān èr jìng | 새까맣다, 깨끗하다 |
| 一刻不停 | yí kè bù tíng | 쉴새없다 |
| 醒来 | xǐng lái | 잠이 깨다 |
| 虚心 | xū xīn | 허심하다, 겸손하다 |
| 骄傲 | jiāo'ào | 거만하다, 교만하다 |

## 五. 韩语

## 15 토끼와 거북이의 달리기 시합

길에서 토끼는 거북이 한 마리를 만났다. 거북이는 매우 느리게 기어가고 있었다. 토끼는 크게 웃으며 "진짜 멍청한 거북이야. 하하하하" 라고 말했다. 거북이는 너무 화가 나 "까불지 마라. 내가 너보다 빨리 달릴 수 있어!" 라고 말했다.

"뭐? 한 번 겨루어 보자." 라고 말했다. 토끼는 거북이의 말을 믿지 않고 자신이 반드시 이길 수 있다고 생각했다.

경기가 시작하자 마자 토끼는 날 듯이 달렸고 거북이를 멀리 뒤에 떼어 놓았다. 하지만 토끼는 경기 중반에 길 옆에서 쿨쿨 잠이 들었다. 토끼는 자신은 대단하기 때문에 먼저 잠을 자도 늦지 않을 것 같다고 생각했다. 그리하여 그는 달콤한 잠에 들었고 경기를 까마득하게 잊어버렸다. 거북이는 한시도 쉬지 않고 열심히 기어 갔다. 토끼가 깨어날 때, 거북이는 이미 결승점에 도착했다.

이 이야기는 우리에게 겸허한 마음은 사람을 진보하게 하고 거만은 사람을 낙후되게 할 뿐이라고 말해 준다.

## 六．写作

（1）用10分钟的时间阅读课文，然后不看书，复述并缩写以上文章。

（2）请写一个龟兔赛跑的续集。

## 16 画蛇添足

古时候，楚国有一家人，祭祀祖先之后，主人要把祭祀用的一壶酒，送给帮忙的人，让他们分着__1__了。几个人看了看酒壶，觉得__2__有点少，每个人喝一口还不够，给一个人喝倒比较合适。

可是，到底让谁喝呢。这时，有人建议："我们每个人在地上画一条蛇，谁画得又快又好，这酒就给谁。"大家认为这个办法很__3__，都同意这样做。于是大家都开始__4__起蛇来。

有一个人画得很__5__，一会儿就把蛇画好了，他端起酒壶正要喝酒，却发现别人还在画着，他很得意，说："你们画得真慢，我再给蛇画几只脚吧。"于是他就端着酒壶，开始给蛇画__6__。

正在他一边画着脚，一边说话的时候，另外一个人已经画好了。那个人马上把酒壶从他手里夺过去，说："你见过蛇吗？蛇是__7__脚的，你为什么要给它添上脚呢？所以第一个画好蛇的人不是你，而是我！" 说完他拿起酒壶把酒全喝光了。那个画蛇添足的人，在旁边很后悔。

这个故事告诉我们：做事情不要卖弄聪明，否则多此一举，只会坏事。

## 一．填空

|     | A | B | C | D |
|-----|---|---|---|---|
| (1) | 吃 | 看 | 喝 | 听 |
| (2) | 酒 | 水 | 咖啡 | 饭 |

| (3) | 不好 | 坏 | 小 | 好 |
| --- | --- | --- | --- | --- |
| (4) | 画 | 写 | 看 | 抓 |
| (5) | 慢 | 大 | 高 | 快 |
| (6) | 手 | 耳朵 | 脚 | 脸 |
| (7) | 没有 | 有 | 需要 | 两只 |

## 二．选择

（1）主人打算让工人们喝什么？

A. 矿泉水　　　　　　　　　　C. 苏打水

B. 酒　　　　　　　　　　　　D. 茶水

（2）大家竞赛画什么图案？

A. 画螃蟹　　　　　　　　　　C. 画蛇

B. 画龙　　　　　　　　　　　D. 画酒

（3）蛇有脚吗？

A. 有　　　　　　　　　　　　B. 没有

（4）那个人为什么给蛇画脚？

A. 他认为蛇有脚　　　　　　　C. 他画完了，多此一举

B. 他喜欢有脚的蛇　　　　　　D. 他想象力丰富

（5）给蛇画脚的人喝到酒吗？

A. 喝到了　　　　　　　　　　B. 没有喝到

## 三．拼音

## 16 Huà shé tiān zú

Gǔ shí hou, chǔ guó yǒu yì jiā rén, jì sì zǔ xiān zhī hòu, zhǔ rén yào bǎ jì sì yòng de yì hú jiǔ, sòng gěi bāng máng de rén, ràng tā men fēn zhe hēle. Jǐ gè rén kàn le kàn jiǔ hú, jué de jiǔ yǒu diǎn shǎo, měi gè rén hē yì kǒu hái bú gòu, gěi yí gè rén hē dào bǐ jiào hé shì.

Kě shì, dào dǐ ràng shuí hē ne. Zhè shí, yǒu rén jiàn yì:"wǒ men měi gè rén zài dì shàng huà yì tiáo shé, shuí huà de yòu kuài yòu hǎo, zhè jiǔ jiù gěi shuí." Dà jiā rèn wéi zhè ge bàn fǎ hěn hǎo, dōu tóng yì zhè yàng zuò. Yú shì dà jiā dōu kāi shǐ huà qǐ shé lái.

Yǒu yí gè rén huà de hěn kuài, yí huì'er jiù bǎ shé huà hǎo le, tā duān qǐ jiǔ hú zhèng yào hē jiǔ, què fā xiàn bié rén hái zài huà zhe, tā hěn dé yì, shuō:"nǐ men huà de zhēn màn, wǒ zài gěi shé huà jǐ zhī jiǎo ba." Yú shì tā jiù duān zhe jiǔ hú, kāi shǐ gěi shé huà jiǎo.

zhèng zài tā yì biān huà zhe jiǎo, yì biān shuō huà de shí hou, lìng wài yí gè rén yǐ jīng huà hǎo le. Nà ge rén mǎ shàng bǎ jiǔ hú cóng tā shǒu lǐ duó guò qù, shuō:"Nǐ jiàn guò shé ma? Shé shì méi yǒu jiǎo de, nǐ wèi shén me yào gěi tā tiān shàng jiǎo ne? Suǒ yǐ dì yī gè huà hǎo shé de rén bú shì nǐ, ér shì wǒ!" Shuō wán tā ná qǐ jiǔ hú bǎ jiǔ quán hē guāng le. Nà ge huà shé tiān zú de rén, zài páng biān hěn hòu huǐ.

zhè ge gù shi gào su wǒ men: Zuò shì qing bú yào mài nòng cōng míng, fǒu zé duō cǐ yì jǔ, zhǐ huì huài shì.


## 四. 单词

| 单词 | 拼音 | 意思 |
|---|---|---|
| 添 | tiān | 증가하다, 추가하다 |
| 祭祀 | jì sì | 제사 |
| 祖先 | zǔ xiān | 조상 |
| 壶 | hú | 주전자 |
| 倒 | dào | 거꾸로, 오히려 |

| | | |
|---|---|---|
| 建议 | jiàn yì | 건의, 제안 |
| 于是 | yú shì | 그리하여, 따라서, 그래서 |
| 端起 | duān qǐ | 들어 올리다 |
| 夺 | duó | 빼앗다 |
| 喝光 | hē guāng | 다 마셔 버리다 |
| 卖弄 | mài nòng | 자랑하다, 뽐내다 |
| 否则 | fǒu zé | 그렇지 않으면 |
| 多此一举 | duō cǐ yì jǔ | 불필요한 짓을 하다 |
| 坏事 | huài shì | 일을 망치다 |

## 五. 韩语

### 16 화사첨족(뱀을 그리고 발을 더한다)

옛날 추나라의 한 가족이 제사를 지낸 후 집주인은 제사에 사용한 술을 제사를 지내는 데에 도와준 사람들에게 선물로 주고 나누어 먹었다. 여러 사람들이 술이 담긴 주전자를 보고 양이 적다고 생각했고, 사람마다 한 모금씩 마시는 것보다 한 사람이 모두 마시는 것이 더 적절해 보였다.

하지만 누구에게 줄까? 이때 누군가는 "우리 땅에 뱀을 그리자. 가장 먼저 그리는 사람에게 그 술을 주자." 고 제안했다. 모두가 이 방법이 좋다고 생각하여 그렇게 하기로 동의했다. 그래서 모두 뱀을 그리기 시작했다.

한 사람은 뱀을 아주 빨리 그렸다. 그는 주전자를 집어 마시려고 했지만 다른 사람들이 여전히 그림을 그리고 있는 것을 발견했다. 그는 매우 자랑스러워하며 "너희들은 아주 느려. 나는 뱀의 발도 그릴 수 있어." 라고 말했다. 그는 주전자를 들고 뱀의 발을 그리기 시작했다.

그가 발을 그리며 말을 하는 동안 다른 한 사람이 그림을 완성했다. 그 남자는 바로 그의 손에서 주전자를 빼앗으며 말했다. "너 뱀을 본 적이 있지? 뱀에는 발이 없잖아. 왜 발을 그리는 거야? 네 그림은 뱀이 아니기 때문에 가장 먼저 뱀을 그린 사람은 네가 아니라 나야." 그는 주전자를 들어 술을 모두 마셨다. 뱀의 발을 그린 그 사람은 후회했다.

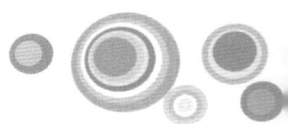

　　이 이야기는 우리에게 일을 할 때 영리함을 과시하지 말아야 하며, 그것은 모두 쓸데없는 행동일 뿐이라고 말해 준다.

## 六．写作

（1）用10分钟的时间阅读课文，然后不看书，复述并缩写以上文章。

（2）你还知道什么"画蛇添足"的故事？请举了例子。

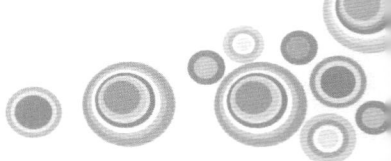

## 17 铁杵磨针

唐朝有一个很有名的诗人叫李白。他小时候__1__喜欢读书，常常不在学校上课，而是到外面去玩儿。

一天，李白又没有去__2__。看着外面暖和的阳光，欢快的小鸟，美丽的花草，李白说道："这么__3__的天气，如果整天在教室里读书多没意思。"

走着走着，他看到一个破屋子，门口坐着一个满头白发的老__4__，正在磨一根棒子般粗的铁杵。李白走过去问："老婆婆，你在做什么？""我要把这根铁杵磨成一根绣花针。"老婆婆抬起头，对李白笑了笑，接着又低下头继续磨着。"绣花针？"李白又问，"是缝衣服用的绣花针吗？""当然。"

"可是铁杵这么__5__，什么时候能磨成细细的绣花针呢？"老婆婆反问李白："滴水可以穿石，愚公可以移山，铁棒为什么不能磨成绣花针呢？""可是您的年纪这么大了…" "只要你下的功夫比别人深，就没有做不到的事情。"

老婆婆的一番话，令李白很惭愧，他回去之后再没有逃过学，每天的__6__也特别用功，终于成了名垂千古的诗仙。

## 一．填空

|     | A    | B    | C    | D    |
|-----|------|------|------|------|
| (1) | 很   | 不   | 太   | 非常 |
| (2) | 上学 | 玩儿 | 回家 | 睡觉 |

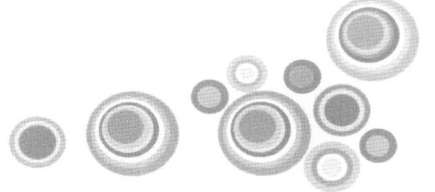

| (3) | 坏 | 阴 | 大 | 好 |
|---|---|---|---|---|
| (4) | 奶奶 | 小孩 | 儿子 | 女儿 |
| (5) | 细 | 长 | 粗 | 大 |
| (6) | 学习 | 工作 | 吃饭 | 睡觉 |

## 二．选择

（1）主人公叫什么名字？

A. 李白　　　　　　　　　　　　C. 杜甫

B. 李清照　　　　　　　　　　　D. 文天祥

（2）老奶奶在做什么？

A. 打盹休息　　　　　　　　　　C. 教育李白

B. 读书　　　　　　　　　　　　D. 磨一根棒子般粗的铁杵

（3）那天李白上学去了吗？

A. 去了　　　　　　　　　　　　B. 没有

（4）下列哪句不是老奶奶讲的？

A. 滴水可以穿石　　　　　　　　C. 铁棒为什么不能磨成绣花针

B. 愚公可以移山一样大　　　　　D. 您年纪这么大了

（5）这个故事告诉我们什么道理？

A. 磨针比上学重要　　　　　　　C. 老奶奶很有智慧

B. 功夫比别人深，没有做不到的事情　D. 学习很重要

## 三．拼音

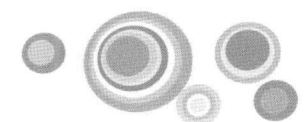

## 17 Tiě chǔ mó zhēn

Táng cháo yǒu yí gè hěn yǒu míng de shī rén jiào lǐ bái. Tā xiǎo shí hou bù xǐ huan dú shū, cháng cháng bú zài xué xiào shàng kè, ér shì dào wài miàn qù wán r.

yì tiān, lǐ bái yòu méi yǒu qù shàng xué. Kàn zhe wài miàn nuǎn huo de yáng guāng, huān kuài de xiǎo niǎo, měi lì de huā cǎo, lǐ bái shuō dao:"zhè me hǎo de tiān qì, rú guǒ zhěng tiān zài jiào shì lǐ dú shū duō méi yì si."

Zǒu zhe zǒu zhe, tā kàn dào yí gè pò wū zi, mén kǒu zuòzhe yí gè mǎn tóu bái fà de lǎonǎinai, zhèng zài mó yì gēn bàng zi bān cū de tiě chǔ. lǐ bái zǒuguò qù wèn,"lǎo pó po, nǐ zài zuò shén me?""Wǒ yào bǎ zhè gēn tiě chǔ mó chéng yì gēn xiù huā zhēn." Lǎo pó po tái qǐtóu, duì lǐ bái xiào le xiào, jiē zhe yòu dī xià tou jì xù mózhe."Xiù huā zhēn," lǐ bái yòu wèn,"shì féng yī fu yòng de xiù huā zhēn ma?""Dāng rán."

"Kě shì tiě chǔ zhè me cū, shén me shí hou néng mó chéng xì xì de xiù huā zhēn ne?" Lǎo pó po fǎn wèn lǐ bái:"dī shuǐ kě yǐ chuān shí, yú gōng kě yǐ yí shān, tiě bàng wèi shén me bù néng mó chéng xiù huā zhēn ne?""Kě shì nín de nián jì zhè me dà le…" "Zhǐ yào nǐ xià de gōng fu bǐ bié rén shēn, jiù méi yǒu zuò bú dào de shì qing."

Lǎo pó po de yì fān huà, lìng lǐ bái hěn cán kuì, tā huí qù zhī hòu zài méi yǒu táo guò xué, měi tiān de xué xí yě tè bié yòng gōng, zhōng yú chéng le míng chuí qiān gǔ de shī xiān.

## 四. 单词

| 单词 | 拼音 | 意思 |
| --- | --- | --- |
| 铁杵磨针 | tiě chǔ mó zhēn | 철저마침 ,쇠공이를 갈아서 바늘을 만들다 |
| 铁杵 | tiě chǔ | 쇠공이 |
| 磨 | mó | 갈다 |
| 欢快 | huān kuài | 유쾌하다 |
| 整天 | zhěng tiān | 하루종일 |

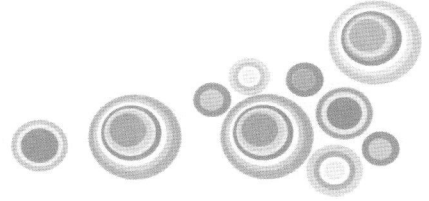

| 棒子 | bàng zi | 방망이 |
| --- | --- | --- |
| 绣花针 | xiù huā zhēn | 자수 바늘 |
| 继续 | jì xù | 계속하다 |
| 缝 | féng | 바느질하다, 꿰매다 |
| 穿石 | chuān shí | 댓돌을 뚫다 |
| 一番 | yì fān | 한바탕, 한번 |
| 名垂千古 | míng chuí qiān gǔ | 천추에 이름을 남기다 |

## 五. 韩语

### 17 철저마침(쇠절구공이를 갈아 바늘을 만들다)

당나라에는 이백이라는 유명한 시인이 있었다. 그는 어렸을 때 책을 읽는 것을 좋아하지 않았고 항상 학교에 가지 않고 밖으로 나가 놀았다.

어느 날 이백은 또 학교에 가지 않았다. 밖의 따뜻한 햇살, 유쾌한 새, 아름다운 꽃을 바라보며 이백은 "날씨가 이렇게 좋으니 매일 교실에서 책을 읽는 것은 너무 재미없어." 라고 말했다.

그는 걸어가다가 한 헌 집을 보았는데, 집의 문 앞에 앉아있는 흰머리가 많은 할머니는 막대 모양의 쇠막대를 갈고 있다. 이백은 다가가서 "할머니, 뭐 하세요?" 라고 물었다. "나는 이 쇠막대가 자수바늘이 될 때까지 갈고 있어." 할머니는 고개를 들어 이백에게 미소를 지으며 고개를 숙였다. "자수바늘요?" 이백이 다시 물었다. "바늘질을 할 때 자수바늘인가요?" "물론이지."

"하지만 쇠막대는 너무 두꺼운데 어느 세월에 미세하게 가는 자수바늘이 될 때까지 갈 수 있습니까?" 이백은 물었다. "물방울이 바위를 뚫을 수도 있고 우공이 산을 움직일 수도 있어. 왜 쇠막대가 자수바늘이 될 때까지 갈 수는 없겠니?" 할머니는 반문했다. "하지만 할머니는 나이를 많이 먹으셔서…" "남들보다 열심히 일하는 한 할 수 없는 일은 없어."

할머니의 말에 이백은 몹시 부끄러워 집에 돌아왔고, 그 후로 학교를 빠지지 않고 매일 열심히 공부해 마침내 천고에 이름을 떨친 시인이 되었다.

## 18 鲁班发明锯子的故事

春秋战国时期，中国有一位发明家叫鲁班。两千多__1__来，他的名字和故事，一直在民间流传，后代工匠都称他为"祖师"。

鲁班出生在鲁国，主要从事木工__2__。现在木工用的锯子，据说就是鲁班__3__的。他是怎样发明的呢？这里还有一个有意思的故事。

有一天，鲁班到一座深山里砍树时，一不小心，脚下滑了一下，他急忙伸__4__抓住了路旁的野草。"哎呀"一声，他的手被野草的叶子划破了，渗出血来。

怎么这么不起眼的野草这么锋利呢？望着手掌上裂开的小口子，鲁班陷入了沉思。于是，他抓起一把__5__，仔细地看了起来，结果他发现小草叶子两边长着很多锋利的小齿。他用这些秘密的小齿在手背上轻轻一划，居然又割开了一道口子。他的手就是被这些小齿划破的。

他正在思考的时候，忽然看见草丛中有几只大蝗虫，它们的牙一张一合，飞快地__6__着叶子。他把蝗虫捉住，认真一看，原来蝗虫的牙齿上也长着密密麻麻的小齿。

他想：要是我也用带有许多小锯齿的工具来锯树木，不就可以很快地把木头锯开了吗？那肯定比用斧头砍要省力多了。于是，他经过多次实验，终于发明了锯子。

这就是锯子的由来，也是鲁班发明锯子的故事。

## 一．填空

|  | A | B | C | D |
|---|---|---|---|---|
| (1) | 天 | 日 | 年 | 小时 |
| (2) | 工作 | 生活 | 作业 | 学习 |
| (3) | 借 | 买 | 发明 | 找 |
| (4) | 脚 | 脸 | 腿 | 手 |
| (5) | 草 | 石头 | 树 | 土 |
| (6) | 喝 | 看 | 吃 | 听 |

## 二．选择

(1) 鲁班是什么人？

A. 诗人  C. 音乐家

B. 皇上  D. 发明家

(2) 鲁班出生在哪个国家？

A. 春秋  C. 鲁国

B. 战国  D. 齐国

(3) 本文讲述鲁班发明了什么工具？

A. 刀  C. 箭

B. 剑  D. 锯

## 三．拼音

18 Lǔ bān fā míng jù zi de gù shi

Chūn qiū zhàn guó shí qī, zhōng guó yǒu yí wèi fā míng jiā jiào lǔ bān. Liǎng qiān duō nián lái, tā de míng zi hé gù shi, yì zhí zài mín jiān liú chuán, hòu dài

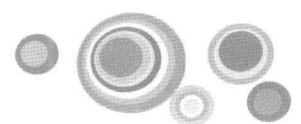

gōng jiàng dōu chēng tā wéi "zǔ shī".

　　Lǔ bān chū shēng zài lǔ guó, zhǔ yào cóng shì mù gōng gōng zuò. Xiàn zài mù gōng yòng de jù zi, jù shuō jiù shì lǔ bān fā míng de. Tā shì zěn yàng fā míng de ne? Zhè li hái yǒu yí gè yǒu yì si de gù shi.

　　Yǒu yì tiān, lǔ bān dào yí zuò shēn shān li kǎn shù shí, yí bù xiǎo xīn, jiǎo xià huá le yí xià, tā jí máng shēn shǒu zhuā zhù le lù páng de yě cǎo. "Āi ya" yì shēng, tā de shǒu bèi yě cǎo de yè zi huá pò le, shèn chū xiě lái.

　　Zěn me zhè me bù qǐ yǎn de yě cǎo zhè me fēng lì ne? Wàng zhe shǒu zhǎng shàng liè kāi de xiǎo kǒu zi, lǔ bān xiàn rù le chén sī. Yú shì, tā zhuā qǐ yì bǎ cǎo, zǐxì de kàn le qǐ lái, jié guǒ tā fā xiàn xiǎo cǎo yè zi liǎng biān zhǎng zhe hěn duō fēng lì de xiǎo chǐ. Tā yòng zhè xiē mì mì de xiǎo chǐ zài shǒu bèi shàng qīng qīng yì huá, jū rán yòu gē kāi le yí dào kǒu zi. Tā de shǒu jiù shì bèi zhè xiē xiǎo chǐ huá pò de.

　　Tā zhèng zài sī kǎo de shí hou, hū rán kàn jiàn cǎo cóng zhōng yǒu jǐ zhī dà huáng chóng, tā men de yá yì zhāng yì hé, fēi kuài de chī zhe yè zi. Tā bǎ huáng chóng zhuō zhù, rèn zhēn yí kàn, yuán lái huáng chóng de yá chǐ shàng yě zhǎng zhe mì mi má má de xiǎo chǐ.

　　Tā xiǎng: Yào shi wǒ yě yòng dài yǒu xǔ duō xiǎo jù chǐ de gōng jù lái jù shù mù, bú jiù kě yǐ hěn kuài de bǎ mù tou jù kāi le ma? Nà kěn dìng bǐ yòng fǔ tou kǎn yào shěng lì duō le. Yú shì, tā jīng guò duō cì shí yàn, zhōng yú fā míng le jù zi.

　　Zhè jiù shì jù zi de yóu lái, yě shì lǔ bān fā míng jù zi de gù shi.

## 四. 单词

| 单词 | 拼音 | 意思 |
| --- | --- | --- |
| 发明家 | fā míng jiā | 발명가 |
| 民间 | mín jiān | 민간 |
| 流传 | liú chuán | 유전하다,대대로 전해 내려오다 |
| 工匠 | gōng jiàng | 장인 |

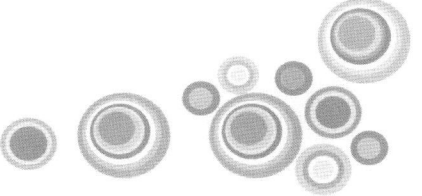

| | | |
|---|---|---|
| 祖师 | zǔ shī | 조사, 창시자 |
| 从事 | cóng shì | 종사하다 |
| 木工 | mù gōng | 목공 |
| 锯子 | jù zi | 톱 |
| 据说 | jù shuō | 듣기로 |
| 砍树 | kǎn shù | 나무를 베다 |
| 滑 | huá | 미끄러지다 |
| 野草 | yě cǎo | 야생 풀 |
| 划破 | huá pò | 베어 상처가 나다 |
| 渗出 | shèn chū | 배어 나오다 |
| 不起眼 | bùqǐ yǎn | 눈에 띄지 않다 |
| 锋利 | fēng lì | 날카롭다 |
| 手掌 | shǒu zhǎng | 손바닥 |
| 裂开 | liè kāi | 터지다 |
| 陷入 | xiàn rù | 빠지다 |
| 沉思 | chén sī | 깊은 생각 |
| 小齿 | xiǎo chǐ | 가시. 작은 이빨 |
| 秘密 | mì mì | 비밀 |
| 划 | huá | 긋다. 가르다 |
| 割 | gē | 베다, 자르다, 절개하다 |
| 草丛 | cǎo cóng | 풀숲 |
| 蝗虫 | huáng chóng | 메뚜기 |
| 一张一合 | yì zhāng yì hé | 뻐끔뻐끔 |
| 密密麻麻 | mì mi má má | 총총하다 |
| 锯齿 | jù chǐ | 톱니 |
| 锯 | jù | 톱질하다 |

| 斧头 | fǔ tou | 도끼 |
| --- | --- | --- |
| 砍 | kǎn | (도끼 등으로) 베다. 패다. 치다 |
| 省力 | shěng lì | 힘을 덜다, 힘을 아끼다 |
| 实验 | shí yàn | 실험 |

## 五．韩语

### 18 노반이 톱을 만드는 이야기

춘추 전국 시대 중국에는 노반이라는 발명가가 있었다. 그의 이름과 이야기는 계속해서 민간에 전해 지고 있고 후손들은 모두 그를 시조라고 불렀다.

노반은 노국에서 태어나 주로 목공에 종사하고 있었다. 현재 우리가 사용하는 톱은 노반이 만든 것으로 알려졌다. 어떻게 톱을 만들었는지 에 대한 재미있는 이야기가 있다.

어느 날 노반은 깊은 산 속에서 나무를 베고 있었는데, 발이 미끄러져 급히 손으로 길옆의 들풀을 잡았다. '아이코' 하며 손이 들풀의 잎에 베였고 피가 났다.

하잘것없는 들풀이 왜 이렇게 날카로울까? 손바닥의 상처를 보고 노반은 생각에 빠졌다. 그리하여 그는 들풀을 한 주먹 뽑아내어 꼼꼼히 관찰했다. 마침내 그는 들풀의 잎의 양쪽에 날카로운 가시가 돋아 있다는 것을 발견했다. 노반은 그 가시로 자신의 손등에 천천히 그어 보았는데, 뜻밖에도 또 상처를 남기게 되었다. 노반 의 손이 바로 이에 베인 것이었다. 그가 이에 대해 생각하는 사이에 갑자기 풀 속에서 메뚜기 몇 마리를 보았다. 누리들의 이는 뻐끔뻐끔하여 신속하게 잎을 먹고 있었다. 노반은 메뚜기를 잡아 꼼꼼히 보았더니, 메뚜기의 이빨에도 송곳니가 빼곡히 들어차 있었다.

그리하여 그는 자신도 작은 이가 많이 달린 공구로 나무를 자르면 나무를 쉽게 자를 수 있지 않겠느냐고 생각했다. 그것은 틀림없이 도끼보다 훨씬 더 편할 것 같다고 생각했다. 그래서 그는 여러 차례의 실험을 통해 톱을 만들게 되었다.

이것이 톱의 유래이자, 노반이 톱을 만들게 된 이야기이다.

## 六．写作

(1) 请讲一个你知道的与发明有关的小故事。

## 19 鲁班发明雨伞的故事

从前,世界上并没有伞,那时候,人们出门很不方便。夏天,顶着个大__1__,皮肤被晒得火辣辣地痛。下雨天呢,衣服给淋得湿漉漉的。后来,鲁班动了好多好多的脑筋,终于发明了__2__。

鲁班从小就跟着爸爸学木工。他很__3__,又很努力,学了几年,就会造房子了,还会造__4__。造桥,造房子,都是露天的活儿。他想:我们工作,难免雨淋日晒,那出门赶路的人,就更苦了。要是能做个东西,又遮太阳又挡雨,那才好呢。

鲁班开始动起脑筋。他跟几个木匠一起在路边造了一个亭子,亭子的顶是尖尖的,四面用几根柱子撑住。接着,他们隔一段路造一个亭子,造了许多亭子。这样,走路的人就方便多了,雨来了,躲一躲,太阳晒得难受了,休息休息。

鲁班给大家办了件好事,大家都很__5__他。可是鲁班自己不满意。他想,要是雨下个不停,那该怎么办呢?人们总不能老呆在亭子里不走吧。

还得再想办法!要是能把亭子做得很__6__,让大家带在身上,该多好啊!可是得用什么办法才能把亭子做得非常小呢?他想了很多办法。

有一天鲁班无意间看到一群小孩拿着荷叶在挡雨,他看着荷叶,突然有了想法,这荷叶简直就是缩小可移动版的小凉亭啊!他赶紧跑回家去,找了一根竹子,劈成许多细条,照着荷叶的样子,做了个架子;又找了块羊皮,把它剪得圆圆的,盖在架子上。"好啦,好啦!"他高兴得叫了起来。

后来他把这个东西改成了可以活动的，用着它，就把它再撑开；用不着，就再把它收起来。这东西是什么呢？它就是今天我们用的__7__。

## 一．填空

|     | A | B | C | D |
|-----|---|---|---|---|
| (1) | 雨 | 云 | 太阳 | 雪 |
| (2) | 伞 | 手机 | 帽子 | 衣服 |
| (3) | 笨 | 聪明 | 努力 | 懒 |
| (4) | 房子 | 桥 | 衣服 | 汽车 |
| (5) | 讨厌 | 恨 | 感谢 | 不喜欢 |
| (6) | 小 | 大 | 重 | 漂亮 |
| (7) | 伞 | 房子 | 亭子 | 木头 |

## 二．选择

(1) 鲁班从小就跟着谁学木工？

A. 爷爷　　　　　　　　C. 叔叔

B. 爸爸　　　　　　　　D. 哥哥

(2) 鲁班造了什么，人们很感谢他，但是他不满意？

A. 房子　　　　　　　　C. 亭子

B. 雨伞　　　　　　　　D. 靴子

(3) 鲁班看到一个小孩拿荷叶，受理启发，发明了什么？

A. 锯子　　　　　　　　C. 房子

B. 亭子　　　　　　　　D. 雨伞

## 三. 拼音

### 19 Lǔ bān fā míng yǔ sǎn de gù shi

Cóng qián, shì jiè shàng bìng méi yǒu sǎn, nà shí hou, rén men chū mén hěn bù fāng biàn. Xià tiān, dǐng zhe gè dà tài yáng, pí fū bèi shài de huǒ là là de tòng. Xià yǔ tiān ne, yī fú gěi lín de shī lù lù de. Hòu lái, lǔ bān dòng le hǎo duō hǎo duō de nǎo jīn, zhōng yú fā míng le sǎn.

Lǔ bān cóng xiǎo jiù gēn zhe bà ba xué mù gōng. Tā hěn cōng míng, yòu hěn nǔ lì, xué le jǐ nián, jiù huì zào fáng zi le, hái huì zào qiáo. Zào qiáo, zào fáng zi, dōu shì lù tiān de huór. Tā xiǎng: wǒ men gōng zuò, nán miǎn yǔ lín rì shài, nà cū mén gǎn lù de rén, jiù gèng kǔ le. Yào shi néng zuò gè dōng xi, yòu zhē tài yáng yòu dǎng yǔ, nà cái hǎo ne.

Lǔ bān kāi shǐ dòng qǐ nǎo jīn. Tā gēn jǐ gè mù jiang yì qǐ zài lù biān zào le yí gè tíng zi, tíng zi de dǐng shì jiān jiān de, sì miàn yòng jǐ gēn zhù zi chēng zhù. Jiē zhe, tā men gé yí duàn lù zào yí gè tíng zi, zào le xǔ duō tíng zi. zhè yàng, zǒu lù de rén jiù fāng biàn duō le, yǔ lái le, duǒ yì duǒ, tài yáng shài de nán shòu le, xiū xi xiū xi.

Lǔ bān gěi dà jiā bàn le jiàn hǎo shì, dà jiā dōu hěn gǎn xiè tā. Kě shì lǔ bān zì jǐ bù mǎn yì. Tā xiǎng, yào shi yǔ xià ge bù tíng, nà gāi zěn me bàn ne? Rén men zǒng bù néng lǎo dāi zài tíng zi lǐ bù zǒu ba.

Hái děi zài xiǎng bàn fǎ! Yào shi néng bǎ tíng zi zuò de hěn xiǎo, ràng dà jiā dài zài shēn shang, gāi duō hǎo a! Kě shì děi yòng shén me bàn fǎ cái néng bǎ tíng zi zuò de fēi cháng xiǎo ne? Tā xiǎng le hěn duō bàn fǎ.

Yǒu yì tiān lǔ bān wú yì jiān kàn dào yì qún xiǎo hái ná zhe hé yè zài dǎng yǔ, tā kàn zhe hé yè, tū rán yǒu le xiǎng fǎ, zhè hé yè jiǎn zhí jiù shì suō xiǎo kě yǐ dòng bǎn de xiǎo liáng tíng a! Tā gǎn jǐn pǎo huí jiā qù, zhǎo le yì gēn zhú zi, pī chéng xǔ duō xì tiáo, zhào zhe hé yè de yàng zi, zuò le ge jià zi; yòu zhǎo le kuài yáng pí, bǎ tā jiǎn de yuán yuán de, gài zài jià zi shàng. "Hǎo la, hǎo la!" Tā gāo xìng de jiào le qǐ lái.

Hòu lái tā bǎ zhè ge dōng xi gǎi chéng le kě yǐ huó dòng de, yòng zhe tā, jiù bǎ tā zài chēng kāi; yòng bù zháo, jiù zài bǎ tā shōu qǐ lái. Zhè dōng xi shì shén me ne? Tā jiù shì jīn tiān wǒ men yòng de sǎn.

## 四. 单词

| 单词 | 拼音 | 意思 |
|---|---|---|
| 伞 | sǎn | 우산 |
| 顶着 | dǐng zhe | 머리에 이다,받치다 |
| 晒 | shài | 햇볕을 쬐다,햇볕에 말리다 |
| 火辣辣地 | huǒ là là de | 쨍쨍 |
| 淋 | lín | 젖다 |
| 湿漉漉 | shī lù lù | 축축하다 |
| 动脑筋 | dòng nǎo jīn | 머리를 쓰다 |
| 露天 | lù tiān | 노천 |
| 赶路 | gǎn lù | 서둘러 가다,길을 재촉하다 |
| 亭子 | tíng zi | 정자 |
| 尖 | jiān | 뾰족하다 |
| 撑住 | chēng zhù | 지탱하다 |
| 难受 | nán shòu | 괴롭다 |
| 呆 | dāi | 머물다 |
| 无意间 | wú yì jiān | 모르는 사이에 |
| 荷叶 | hé yè | 연잎 |
| 缩小 | suō xiǎo | 축소하다 |
| 竹子 | zhú zi | 대나무 |
| 劈 | pī | 패다 |
| 细条 | xì tiáo | 가늘고 긴 나무가지 |
| 照着 | zhào zhe | …대로 |
| 架子 | jià zi | 선반 |

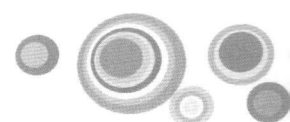

| 盖 | gài | 덮다 |
| --- | --- | --- |
| 收起来 | shōu qǐ lái | 거두어 들이다 |

## 五. 韩语

### 19 노반이 우산을 만드는 이야기

옛날에 세상에는 우산이 없어서 그 당시 사람들은 외출하는 것이 아주 불편했다. 여름에는 뜨거운 햇빛을 받아 피부가 따갑고 아팠다. 비가 오면 비에 옷이 젖어 불편했다. 이후 노반은 머리를 써서 마침내 우산을 발명했다.

노반은 어렸을 때부터 아버지를 따라 목공을 배웠다. 그는 매우 똑똑했으며 열심히 공부하여 몇 년 만에 집과 자동차를 만들 수 있었다. 다리와 집 등을 짓는 것은 모두 야외 작업이었다. 노반은 야외에서 일하는 사람들도 일할 때 바람을 맞고 햇볕에 쬐는 것을 피할 수 없는데 길을 나가는 사람들은 더 고통스러울 것이라고 생각했다. 그는 태양과 비를 가릴 수 있는 것을 만들면 좋을 것이라고 생각했다.

노반은 이를 위해 머리를 쓰기 시작했다. 그는 몇몇 목수들과 함께 길가에 정자를 세웠다. 그리고 그 정자위에 뾰족한 지붕을 만들어 여러 개의 기둥으로 그 지붕을 떠받쳤다. 이어서 그들은 일정 거리의 길을 사이에 두고 많은 정자를 지었습니다. 이렇게 비가 오면 걷던 사람들이 정자에서 비를 피하고, 햇볕을 쬐던 사람들이 정자에서 쉴 수 있어 매우 편리하게 됐다.

노반이 사람들에게 좋은 일을 해 주어서, 다들 그에게 매우 감사했다. 그러나 노반은 스스로 만족하지 않았다. 비가 멈추지 않는다면, 어떻게 해야 할까? 사람들은 정자를 떠나지 않고 오랫동안 머물 수 없다.

다른 방법을 생각해야 한다! 정자를 작게 만들어 사람들이 가지고 다닐 수 있으면 더 좋을 것 같다! 그런데 어떤 방법을 써야 정자를 아주 작게 만들 수 있을까? 그는 많은 방법을 생각했다.

어느 날 노반은 우연히 비를 막기 위해 연잎을 들고 있는 아이를 봤다. 그는 연잎을 보고 갑자기 방법이 생각났다. 이 연잎은 그야말로 작고 이동 가능한 정자네! 그는 서둘러 집으로 돌아와 대나무를 찾아 얇게 썰고 연잎 모양으로 선반을 만들었다. 그 다음, 양가죽 한 조각을 찾아서 둥근 모양으로 자르고 선반 위에 덮었다. "다 됐어! 다 됐어!" 노반은 기쁘게

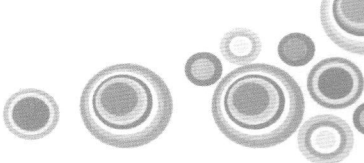

외쳤다.

그 후, 노반은 이것을 움직일 수 있는 것으로 고쳤다. 그것을 사용할 때는 열고, 필요하지 않을 때는 다시 거두어 들였다. 이 물건은 무엇일까? 이것은 바로 오늘날 우리가 쓰는 우산이다.

## 六．写作

（1）你最喜欢的科学家是谁？

（2）如果你是一个天才发明家，你最想发明什么？

## 20 诚实的孩子

很久以前，有一位贤明的国王，他的年纪已经很__1__了，却没有一个孩子可以继承王位，这件事使他很伤脑筋。

有一天，国王想到一个好办法，于是下令："给全国的每一个孩子发一些__2__，谁能用这些种子培育出最美丽的花朵，我就将王位传给他。"所有的孩子都种下了种子，他们从早到晚，浇水、施肥、松土、护理得非常精心。

有一个叫查理的孩子，他也整天用心培育着他的种子。但是，十天过去了，二十天过去了，一个月过去了，种子依然没有发芽。

国王规定的期限到了，孩子们都穿着漂亮的衣服，捧着鲜花，等待着国王。可是不知为什么，国王看到漂亮的鲜花，从一个个孩子面前走过，脸上却没有一点儿高兴的表情。

查理看到每个人都捧着漂亮的鲜花，自己的种子却没有发芽，伤心地__3__起来。这时，国王来到查理的面前，亲切地问道："孩子，你为什么拿着空花盆啊？"查理把自己如何种花，但种子长期不发芽的经过告诉了国王。国王__4__了查理的回答，高兴地拉着他的手，大声宣布："这就是我未来的继承人。"就这样，国王去世后，诚实的查理当上了国王。

这是为什么呢？原来，国王发给每个孩子的种子都是煮熟的种子，煮熟的种子又怎么会发芽呢！国王知道查理是个诚实的孩子，所以将王位传给了他。

这个故事告诉我们，一定要做个__5__的人。

## 一．填空

|  | A | B | C | D |
| --- | --- | --- | --- | --- |
| (1) | 小 | 大 | 快 | 慢 |
| (2) | 花朵 | 水 | 太阳 | 种子 |
| (3) | 哭 | 笑 | 吃 | 听 |
| (4) | 看 | 听 | 说 | 见 |
| (5) | 诚实 | 懒惰 | 爱玩 | 不听话 |

## 二．选择

(1) 国王因为什么事情而伤脑筋？

A. 自己年纪越来越大　　　　　C. 儿子太多

B. 钱财太多　　　　　　　　　D. 王位继承问题

(2) 国王对所有孩子说将会把王位传给什么样的人？

A. 能让种子开出美丽花朵的人　C. 帅气的人

B. 个子高的人　　　　　　　　D. 有皇家血统的人

(3) 查理的花籽开花了吗？

A. 开花了　　　　　　　　　　B. 没有开花

(4) 国王将王位传给了谁？

A. 自己　　　　　　　　　　　C. 开出最美丽鲜花的人

B. 王子　　　　　　　　　　　D. 查理

(5) 这个故事告诉我们什么道理？

A. 做人应当诚实　　　　　　C. 养花需要耐心

B. 养花需要技巧　　　　　　D. 国王也有烦恼

## 三．拼音

20 Chéng shí de hái zi

　　Hěn jiǔ yǐ qián, yǒu yí wèi xián míng de guó wáng, tā de nián ji yǐ jīng hěn dà le, què méi yǒu yí gè hái zi kě yǐ jì chéng wáng wèi, zhè jiàn shì shǐ tā hěn shāng nǎo jīn.

　　Yǒu yì tiān, guó wáng xiǎng dào yí gè hǎo bàn fǎ, yú shì xià lìng:"Gěi quán guó de měi yí gè hái zi fā yì xiē zhǒng zi, shuí néng yòng zhè xiē zhǒng zi péi yù chū zuì měi lì de huā duǒ, wǒ jiù jiāng wáng wèi chuán gěi tā." Suǒ yǒu de hái zi dōu zhòng xià le zhǒng zi, tā men cóng zǎo dào wǎn, jiāo shuǐ, shī féi, sōng tǔ, hù lǐ dé fēi cháng jīng xīn.

　　Yǒu yí gè jiào chá lǐ de hái zi, tā yě zhěng tiān yòng xīn péi yù zhe tā de zhǒng zi. Dàn shì, shí tiān guò qù le, èr shí tiān guò qù le, yí gè yuè guò qù le, zhǒng zi yī rán méi yǒu fā yá.

　　Guó wáng guī dìng de qī xiàn dào le, hái zi men dōu chuān zhe piào liang de yī fú, pěng zhe xiān huā, děng dài zhe guó wáng. Kě shì bù zhī wèi shén me, guó wáng kàn dào piào liang de xiān huā, cóng yí gè gè hái zi miàn qián zǒu guò, liǎn shàng què méi yǒu yì diǎn r gāo xìng de biǎo qíng.

　　Chá lǐ kàn dào měi gè rén dōu pěng zhe piào liang de xiān huā, zì jǐ de zhǒng zǐ què méi yǒu fā yá, shāng xīn de kū qǐ lái. Zhè shí, guó wáng lái dào chá lǐ de miàn qián, qīn qiè de wèn dào:"Hái zi, nǐ wèi shén me ná zhe kōng huā pén a?" Chá lǐ bǎ zì jǐ rú hé zhòng huā, dàn zhǒng zi cháng qī bù fā yá de jīng guò gào su le guó wáng. Guó wáng tīng le chá lǐ de huí dá, gāo xìng de lā zhe tā de shǒu, dà shēng xuān bù:"Zhè jiù shì wǒ wèi lái de jì chéng rén." Jiù zhè yàng, guó wáng qù shì hòu, chéng shí de chá lǐ dāng shàng le guó wáng.

　　Zhè shì wèi shén me ne? Yuán lái, guó wáng fā gěi měi gè hái zi de zhǒng zǐ dōu shì zhǔ shú de zhǒng zi, zhǔ shú de zhǒng zi yòu zěn me huì fā yá ne! Guó wáng zhī dào chá lǐ shì ge chéng shí de hái zi, suǒ yǐ jiāng wáng wèi chuán gěi le tā.

zhè ge gù shi gào su wǒ men, yí dìng yào zuò ge chéng shí de rén.

## 四．单词

| 单词 | 拼音 | 意思 |
| --- | --- | --- |
| 贤明 | xián míng | 현명하다 |
| 继承 | jì chéng | 상속하다, 승계하다 |
| 伤脑筋 | shāng nǎo jīn | 골치 아프다 |
| 培育 | péi yù | 재배하다 |
| 美丽 | měi lì | 아름답다 |
| 浇水 | jiāo shuǐ | 물을 주다 |
| 施肥 | shī féi | 비료를 주다 |
| 松土 | sōng tǔ | 흙을 푹신푹신하게 하다 |
| 护理 | hù lǐ | 보호하고 관리하다 |
| 精心 | jīng xīn | 정성을 들이다 |
| 发芽 | fā yá | 싹이 나다 |
| 规定 | guī dìng | 규정하다, 규정 |
| 捧 | pěng | 받들다 |
| 鲜花 | xiān huā | 생화, 꽃 |
| 亲切地 | qīn qiè de | 친절하게 |
| 花盆 | huā pén | 화분 |
| 继承人 | jì chéng rén | 상속인, 승계자 |
| 煮熟 | zhǔ shú | 삶아 익히다 |

## 五．韩语

## 20 성실한 아이

아주 옛날에 현명한 왕이 있었다. 왕은 많이 늙었지만 왕위를 이어받을 수 있는 아이가 없었다. 왕은 이 일이 정말 골치 아팠다.

어느 날 왕은 좋은 생각이 나서 "전국의 모든 아이들에게 씨앗을 보내라. 이 씨앗으로 가장 아름다운 꽃을 키울 수 있는 아이에게 왕위를 물려줄 것이다."라고 명령했다. 모든 아이들은 씨앗을 심고 아침부터 저녁까지 물을 주고 비료를 주며 흙을 뿌리며 매우 정성스럽게 돌보았다.

찰리라는 아이는 하루 종일 씨앗을 돌보았는데, 10일, 20일, 한 달이 지나도 씨앗에서 싹이 트지 않았다.

왕이 약속한 날이 다 되어가자 아이들은 모두 예쁜 옷을 입고 꽃을 들고 왕을 기다렸다. 그런데 웬일인지 왕은 아름다운 꽃들을 보며 아이들 앞을 지나가는데 하나도 기쁘지 않았다.

찰리는 다른 아이들이 들고 있는 아름다운 꽃들을 보고 자신의 씨앗이 싹 트지 않았다는 사실에 슬프게 울었다. 이때 왕은 찰리 앞에 다가와서 친절하게 물었다. "얘야, 왜 빈 화분을 들고 있니?" 찰리는 왕에게 자신이 씨앗을 심었지만 씨앗에서 오랫동안 싹이 나지 않았다는 사실을 말했다. 찰리의 대답을 듣고 왕은 기쁘게 그의 손을 잡고 큰 소리로 외쳤다. "이 아이는 나의 후계자이다." 그렇게 왕이 죽은 후, 진실된 찰리는 새로운 왕이 되었다.
이유는 무엇이었을까? 왕이 아이들에게 보낸 씨앗은 익힌 씨앗인데, 익힌 씨앗이 어떻게 싹을 틔울 수 있었겠는가! 왕은 찰리가 진실된 아이라는 것을 알고 왕위를 그에게 물려주었다.

이 이야기는 반드시 진실된 사람이 되어야 한다는 것을 알려 준다.

## 六．写作

（1）用10分钟的时间阅读课文，然后不看书，复述并缩写以上文章。

（2）如果你是文中的国王，你会用什么方法，选择什么人继承王位？

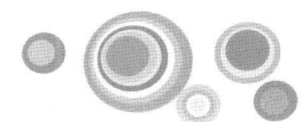

## 21 塞翁失马

战国时期有一位老人，叫塞翁。他住在长城附近，养了许多__1__，一天马群中忽然有一匹马走丢了。邻居们听说这件事，都来安慰他不要担心。塞翁笑笑说："丢了一匹马，没关系的，说不定是件好事。"

马丢了，明明是件坏事，他却认为是__2__事，邻居听了，都觉得很好笑。可是过了没几天，丢了的马不仅自己回来了，还带回了一匹马。

邻居听说马回来了，就来祝贺他说："还是您有远见，马不仅没有丢，还带回一匹好__3__，真是福气呀。"塞翁反而一点儿高兴的样子都没有，他忧虑地说："白白得了一匹好马，不一定是什么好事。"

邻居们以为他心里高兴，但故意不说出来。

塞翁有个儿子，非常喜欢骑马。他每天都骑着带回来的那匹马出去玩儿。一天，他骑得太__4__，不小心从马背上跌下来，摔断了腿。邻居们听说了，纷纷来慰问。

塞翁说："没什么，腿摔断了却保住性命，说不定是一件好事。"邻居们觉得他又在胡言乱语。

不久，国家发生了战争，青年人都要去军队，塞翁的儿子因为摔断了__5__，不能去当兵。当时去军队的青年基本上都战死了，只有塞翁的儿子__6__了下来。

这个故事告诉我们：对待所有的好事和__7__事，要保持平常心。

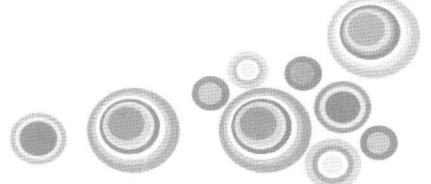

# 梦想中国语　阅读

## 一．填空

|  | A | B | C | D |
|---|---|---|---|---|
| (1) | 牛 | 马 | 羊 | 兔子 |
| (2) | 好 | 坏 | 大 | 高 |
| (3) | 狗 | 老虎 | 兔子 | 马 |
| (4) | 慢 | 快 | 稳 | 小 |
| (5) | 手 | 胳膊 | 头 | 腿 |
| (6) | 活 | 死 | 跑 | 走 |
| (7) | 好 | 坏 | 很好 | 大 |

## 二．选择

（1）塞翁是个什么样子的人？

A. 年轻人　　　　　　　　　　C. 老年人

B. 中年人　　　　　　　　　　D. 婴儿


（2）有一天，塞翁的什么丢了？

A. 儿子　　　　　　　　　　　C. 胳膊

B. 马　　　　　　　　　　　　D. 牛


（3）塞翁的儿子喜欢骑马吗？

A. 喜欢　　　　　　　　　　　B. 不喜欢


（4）为什么塞翁的儿子没有去战场？

A. 因为胆小　　　　　　　　　C. 因为不爱国

B. 因为舍不得爸爸　　　　　　D. 因为腿折了

（5）这个故事告诉我们什么道理？

A. 要以平常心对待好事和坏事　　C. 做人不应该目光短浅

B. 腿受伤可以不去战场　　　　　D. 马丢了不是坏事

## 三．拼音

### 21 Sài wēng shī mǎ

　　Zhàn guó shí qī yǒu yí wèi lǎorén, jiào sài wēng. Tā zhù zài cháng chéng fù jìn, yǎng le xǔ duō mǎ, yì tiān mǎ qún zhōng hū rán yǒu yì pǐ mǎ zǒu diū le. Lín jū men tīng shuō zhè jiàn shì, dōu lái ān wèi tā bú yào dān xīn. Sài wēng xiào xiào shuō:"Diū le yì pǐ mǎ, méi guān xi de, shuō bú dìng shì jiàn hǎo shì."

　　Mǎ diū le, míng míng shì jiàn huài shì, tā què rèn wéi shì hǎo shì, lín jū tīng le, dōu jué de hěn hǎo xiào. Kě shì guò le méi jǐ tiān, diū le de mǎ bù jǐn zì jǐ huí lái le, hái dài huí le yì pǐ mǎ.

　　Lín jū tīng shuō mǎ huí lái le, jiù lái zhù hè tā shuō:"Hái shì nín yǒu yuǎn jiàn, mǎ bù jǐn méi yǒu diū, hái dài huí yì pǐ hǎo mǎ, zhēn shi fú qi ya." Sài wēng fǎn'ér yì diǎn r gāo xìng de yàng zi dōu méi yǒu, tā yōu lǜ de shuō:"Bái bái dé le yì pǐ hǎo mǎ, bù yí dìng shì shén me hǎo shì."

　　Lín jū men yǐ wéi tā xīn lǐ gāo xìng, dàn gù yì bù shuō chū lái.

　　Sài wēng yǒu ge ér zi, fēi cháng xǐ huan qí mǎ. Tā měi tiān dōu qí zhe dài huí lái de nà pǐ mǎ chū qù wán r. yì tiān, tā qí de tài kuài, bù xiǎo xīn cóng mǎ bèi shàng diē xià lái, shuāi duàn le tuǐ. Lín jū men tīng shuō le, fēn fēn lái wèi wèn.

　　Sài wēng shuō:"Méi shén me, tuǐ shuāi duàn le què bǎo zhù xìng mìng, shuō bú dìng shì yí jiàn hǎo shì." Lín jū men jué de tā yòu zài hú yán luàn yǔ.

　　Bù jiǔ, guó jiā fā shēng le zhàn zhēng, qīng nián rén dōu yào qù jūn duì, sài wēng de ér zi yīn wèi shuāi duàn le tuǐ, bù néng qù dāng bīng. Dāng shí qù jūn duì de qīng nián jī běn shàng dōu zhàn sǐ le, zhǐ yǒu sài wēng de ér zi huó le xià lái.

　　zhè ge gù shi gào su wǒ men: Duì dài suǒ yǒu de hǎo shì hé huài shì, yào bǎ o chí píng cháng xīn.

## 四. 单词

| 单词 | 拼音 | 意思 |
|---|---|---|
| 匹 | pǐ | 마리 (양사) |
| 走丢 | zǒu diū | 걷다가 길을 잃어 버리다 |
| 祝贺 | zhù hè | 축하하다 |
| 远见 | yuǎn jiàn | 선견, 예지, 원대한 식견 |
| 福气 | fú qi | 복 |
| 忧虑 | yōu lǜ | 우려하다, 걱정하다 |
| 故意 | gù yì | 고의로, 일부러 |
| 跌 | diē | 내리다, 떨어지다, 엎어지다 |
| 摔断 | shuāi duàn | 넘어져서 부러지다 |
| 纷纷 | fēn fēn | 잇달아, 모두, 다 |
| 胡言乱语 | hú yán luàn yǔ | 횡설수설하다, 허튼소리를 지껄이다. |
| 基本上 | jī běn shàng | 기본적으로 |
| 战死 | zhàn sǐ | 전사하다, 전쟁터에서 죽다. |
| 平常心 | píng cháng xīn | 평상심, 침착한 마음 |

## 五. 韩语

### 21 새옹지마(새옹이 말을 잃다.)

전국 시대에 장성과 가까운 곳에 사는 새옹이라는 사람은 많은 말을 길렀다. 어느 날 갑자기 말 한 마리를 잃어버렸다. 이웃 사람들은 이 일을 듣고 모두 그에게 걱정하지 말라고 위로했다. 새옹은 웃으며 "말을 한 마리만 잃었으니 괜찮아요. 어쩌면 좋은 일일지도 몰라요." 라고 했다.

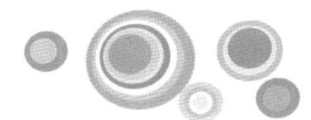

　　말을 잃은 것은 분명 나쁜 일이지만, 그는 좋은 일이라고 생각했다. 이웃들은 그가 우습다고 생각했다. 그런데 며칠이 지나지 않아 그 잃어 버렸던 말은 스스로 돌아왔을 뿐만 아니라 또 다른 말 마리를 데리고 돌아 왔다.

　　이웃들은 말이 스스로 돌아 왔다는 말을 듣고 모두 그를 축하해 주었다. '역시 원대한 식견을 가지고 있는 사람이구나. 말을 잃지도 않고 훌륭한 말이 한 마리 더 생겼어. 정말 복이 많은 사람이구나." 하지만 오히려 새옹은 하나도 기뻐하지 않고 걱정스럽게 말했다. "말 한 필을 거저 얻은 게 무슨 좋은 일인지 모르겠어요."

　　이웃 사람들은 그가 내심 기뻤지만, 일부러 내색하지 않은 줄 알았다.

　　새옹은 말 타기를 좋아하는 아들이 있었다. 아들은 매일 새로 가져온 말을 타고 밖에 놀러 가곤 했다. 어느 날 그는 말을 너무 빠르게 타다가 실수로 말에서 떨어져 다리가 부러졌다. 이웃 사람들은 모두 그를 위로하러 왔다.

　　새옹은 "괜찮아요. 다리가 부러졌지만 목숨을 유지했어요. 어째서 좋은 일일지도 모르겠어요." 라고 말했다. 이웃들은 그가 헛소리를 한다고 생각했다.

　　얼마 지나지 않아 나라에 전쟁이 일어나 젊은이들은 모두 군대에 가야 했다. 새옹의 아들은 다리가 부러졌기 때문에 군대에 가지 못 했다. 당시 입대한 젊은이들은 거의 전사했고 새옹의 아들만 살아 남았다.

　　이 이야기는 우리에게 좋은 일이든 나쁜 일이든 항상 평상심을 유지해야 한다고 말해 준다.

## 六．写作

（1）用10分钟的时间阅读课文，然后不看书，复述并缩写以上文章。

（2）你怎么看待"福祸相依"？

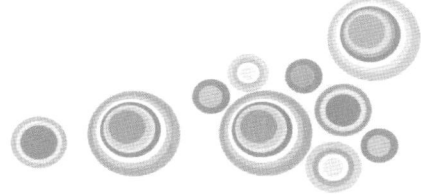

## 22 后羿射日

很久__1__，天帝有十个孩子，也就是十个太阳。每天只有一个__2__工作，给人们带去温暖。

一天，十个太阳__3__出来工作了，人们感到非常非常地热，抬头一看，有十个太阳。原来，工作的太阳和在家休息的九个太阳很无聊，全部出来了。

过了一天，庄稼和禾苗全部枯死了，大地被晒得裂开了，河水干了，森林也被烧成了灰，人们__4__得睡不着觉。

这时，一个人叫起来，说："我们把后羿找来，他可以用射箭这个办法把太阳射下来。"人们欢呼起来。于是，那个人寄了一封信给后羿，后羿回信说："好的，我今天就来。"

后羿左手拿弓，右手拉箭，一箭就射下了五个太阳，再一箭又射下来四个太阳。当后羿要射最后__5__个太阳时，人们阻止他说："不要射了！如果__6__这个太阳，我们就会失去光明，庄稼会死的。"从此，人们过上了幸福__7__的日子。

一．填空

|     | A | B | C | D |
|-----|-----|-----|-----|-----|
| (1) | 以前 | 以后 | 一会儿 | 马上 |
| (2) | 月亮 | 星星 | 太阳 | 云 |

| (3) | 没有 | 一起 | 不 | 没来 |
| (4) | 冷 | 冻 | 热 | 饿 |
| (5) | 一 | 二 | 三 | 四 |
| (6) | 有 | 看 | 听 | 没有 |
| (7) | 快乐 | 痛苦 | 难过 | 伤心 |

## 二．选择

（1）起初，天帝有几个儿子？

A. 十个　　　　　　　　　　C. 七个

B. 九个　　　　　　　　　　D. 一个

（2）为什么庄稼枯死了？

A. 没有阳光　　　　　　　　C. 太阳太热太毒

B. 没有河水　　　　　　　　D. 庄稼的种子不好

（3）后羿答应射太阳了吗？

A. 答应了　　　　　　　　　B. 没答应

（4）最终，天上还剩下几个太阳？

A. 一个　　　　　　　　　　C. 十个

B. 两个　　　　　　　　　　D. 一个也没有

（5）后羿用什么工具让太阳只剩下一个？

A. 用剑刺　　　　　　　　　C. 祈祷

B. 用箭射　　　　　　　　　D. 用鞭子抽

# 三. 拼音

## 22 Hòu yì shè rì

Hěn jiǔ yǐ qián, tiān dì yǒu shí gè hái zi, yě jiù shì shí gè tài yáng. měi tiān zhǐ yǒu yí gè tài yáng gōng zuò, gěi rén men dài qù wēn nuǎn.

yì tiān, shí gè tài yáng yì qǐ chū lái gōng zuò le, rén men gǎn dào fēi cháng fēi cháng derè, tái tóu yí kàn, yǒu shí gè tài yáng. Yuán lái, gōng zuò de tài yáng hé zài jiā xiū xi de jiǔ gè tài yáng hěn wú liáo, quán bù chū lái le.

.Guò le yì tiān, zhuāng jia hé hé miáo quán bù kū sǐ le, dà dì bèi shài de liè kāi le, hé shuǐ gàn le, sēn lín yě bèi shāo chéng le huī, rén men rè de shuì bù zháo jiào.

Zhè shí, yí gè rén jiào qǐ lái, shuō:"wǒ men bǎ hòu yì zhǎo lái, tā kě yǐ yòng shè jiàn zhè ge bàn fǎ bǎ tài yáng shè xià lái." Rén men huān hū qǐ lái. Yú shì, nà gè rén jì le yì fēng xìn gěi hòu yì, hòu yì huí xìn shuō:"Hǎo de, wǒ jīn tiān jiù lái."

Hòu yì zuǒ shǒu ná gōng, yòu shǒu lā jiàn, yí jiàn jiù shè xià le wǔ ge tài yáng, zài yí jiàn yòu shè xià lái sì ge tài yáng. Dāng hòu yì yào shè zuì hòu yí gè tài yáng shí, rén men zǔ zhǐ tā shuō:"bú yào shè le! Rú guǒ méi yǒu zhè ge tài yáng, wǒ men jiù huì shī qù guāng míng, zhuāng jia huì sǐ de." Cóng cǐ, rén men guò shàng le xìng fú kuài lè de rì zi.

# 四. 单词

| 单词 | 拼音 | 意思 |
|---|---|---|
| 天帝 | tiān dì | 천제,하나님,하늘의 신 |
| 感到 | gǎn dào | 느끼다 |
| 庄稼 | zhuāng jia | 농작물 |
| 禾苗 | hé miáo | 볏모, 화묘 |
| 枯死 | kū sǐ | 말라 죽다 |
| 烧 | shāo | 태우다 |
| 灰 | huī | 재 |

| 射箭 | shè jiàn | 활을 쏘다 |
| 寄 | jì | 부치다,보내다 |
| 弓 | gōng | 활 |
| 拉箭 | lā jiàn | 화살을 당기다 |
| 阻止 | zǔ zhǐ | 저지하다, 막다. |

## 五. 韩语

### 22 후예사일(후예가 태양을 쏘다)

옛날에 하나님에게는 열 명의 아이들이 있었다. 그들은 바로 10개의 태양이었다. 매일 한 명의 태양만 하늘에 가서 일하고 사람들에게 따뜻함을 주었다.

어느 날 10개의 태양이 함께 일하러 나와 사람들은 매우 더워했다. 사람들이 고개를 들어 보니 하늘에 10개의 태양이 있었다. 일하는 태양과 집에서 쉬고 있는 태양들이 심심해서 모두 나왔던 것이었다.

하루가 지나자 농작물과 모가 모두 말라 죽고 땅이 쩍쩍 갈라지며 강물이 마르고 숲까지 타버렸다. 그리고 사람들이 더워서 잠을 이루지 못했다.

이때 한 사람은 외쳤다. "우리가 후예를 찾았는데, 그 사람이 남은 태양을 활로 쏠 수 있을 거야."사람들은 모두 환호했다. 그리하여 그 사람은 후예에게 편지를 보냈고, 후예는 오늘 바로 올 것이라고 답장했다.

후예는 왼손으로 활을 들고 오른손으로 화살을 쏘았다. 한 화살로 5개의 태양을 쏘고 또 한 화살로 4개의 태양을 향해 쏘았다. 후예는 마지막 남은 태양을 쏘려고 하자, 사람들이 그를 막았다. "그만 하세요! 마지막 태양이 없으면 우리에게는 밝은 빛이 없을 것이고 농작물이 다 죽을 것입니다." 그 후로 사람들은 행복하고 즐거운 생활을 살게 되었다.

## 六. 写作

（1）你认为为什么地球上只有一个太阳？

## 23 农夫与蛇

在一个__1__的冬天,买完东西回家的农夫在路边发现了一条蛇,蛇被冻僵了。他以为蛇很冷,就把它拿起来,放在__2__的怀里。过了一会儿,蛇醒了,本能地__3__了农夫一口,把农夫咬死了。

农夫临__4__之前后悔地说:"我想要做善事,结果却因为没有见识而害了__5__,这是报应啊。"

这个故事告诉我们:不要轻易地相信坏人。

### 一. 填空

|  | A | B | C | D |
| --- | --- | --- | --- | --- |
| (1) | 热 | 炎热 | 寒冷 | 温暖 |
| (2) | 冷 | 凉 | 冰 | 温暖 |
| (3) | 看 | 说 | 咬 | 听 |
| (4) | 死 | 活 | 冷 | 热 |
| (5) | 蛇 | 家人 | 自己 | 冬天 |

### 二. 选择

(1) 农夫在路边发现了一只什么?

A. 蝌蚪　　　　　　　　　　C. 猫

B. 蛇　　　　　　　　　　　D. 狗

(2) 故事发生在哪个季节?

A. 春天  C. 秋天

B. 夏天  D. 冬天

（3）蛇有没有感谢农夫？

A. 感谢了  B. 没有感谢

（4）农夫为什么死了？

A. 因为冻死了  C. 因为被蛇咬，毒死了

B. 因为没有粮食饿死了  D. 因为过度伤心，气死了

（5）这个故事告诉我们什么道理？

A. 做人要善良  C. 不要轻易帮助坏人

B. 蛇是可怕的  D. 冬天应该多穿衣服

## 三．拼音

### 23 Nóng fū yǔ shé

Zài yí gè hán lěng de dōng tiān, mǎi wán dōng xi huí jiā de nóng fū zài lù biān fā xiàn le yì tiáo shé, shé bèi dòng jiāng le. Tā yǐ wéi shé hěn lěng, jiù bǎ tā ná qǐ lái, fàng zài wēn nuǎn de huái lǐ. Guò le yí huì'er, shé xǐng le, běn néng de yǎo le nóng fū yì kǒu, bǎ nóng fū yǎo sǐ le.

Nóng fū lín sǐ zhī qián hòu huǐ de shuō:"Wǒ xiǎng yào zuò shàn shì, jié guǒ què yīn wèi méi yǒu jiàn shi ér hài le zì jǐ, zhè shì bào yìng a."

zhè ge gù shi gào su wǒ men: bú yào qīng yì de xiāng xìn huài rén.

## 四．单词

| 单词 | 拼音 | 意思 |
| --- | --- | --- |

| 冻僵 | dòng jiāng | 얼어 붙다 |
| 怀里 | huái lǐ | 품 안에 |
| 本能地 | běn néng de | 본능적으로 |
| 咬 | yǎo | 물다 |
| 临 | lín | 하기 직전, 앞두다. |
| 见识 | jiàn shi | 견문, 먼 생각 |
| 害 | hài | 피해를 주다 |
| 报应 | bào yìng | 인과응보이다.벌을 받다. |

## 五．韩语

### 23 농부와 뱀

　　한 추운 겨울 날, 물건을 사고 집으로 돌아온 농부는 길에서 얼어서 굳은 뱀 한 마리를 보았다. 농부는 그 뱀이 추울 줄 알고 그것을 들어 따뜻한 품에서 포근하게 해 주려 했다. 잠시 후 뱀은 깨어났고 본능적으로 농부를 물어 죽였다.

　　농부는 죽음을 앞두고 후회하며 말했다. "나는 착한 일을 하고 싶었지만 무식해서 나 자신에게 해를 끼쳤어. 나는 벌 받는 거야."

　　이 이야기는 우리에게 남을 쉽게 믿지 말라고 말해 준다.

## 六．写作

（1）用10分钟的时间阅读课文，然后不看书，复述并缩写以上文章。

（2）你听说过坏人害了恩人的事情吗？

## 24 华罗庚猜书

中国有个著名的数学家,他叫华罗庚。他读书的方法很特别。他拿到一本书,不是打开书,从头到尾一页一页地__1__,而是先拿着书,闭上眼睛思考一会儿。他先猜想书里面有什么内容,猜完了再打开书。

如果这本书作者的想法和自己想的__2__,那他就不再读了。如果不一样,他就把不一样的地方读一下。

华罗庚这种猜读法不仅节省了读书__3__,而且培养了自己的思考力和想象力。用这种__4__读书,就不会盲目地读书信书,变为书的奴隶。

一. 填空

|     | A    | B    | C    | D    |
| --- | ---- | ---- | ---- | ---- |
| (1) | 听   | 吃   | 说   | 读   |
| (2) | 一样 | 不一样 | 不同 | 好   |
| (3) | 力气 | 方法 | 数量 | 时间 |
| (4) | 方法 | 数量 | 作者 | 书   |

二. 选择

(1) 华罗庚是什么学家?

A. 文学家　　　　　　　　C. 科学家

B. 作家　　　　　　　　　D. 数学家

(2) 华罗庚读书为什么会眯眼想一想?

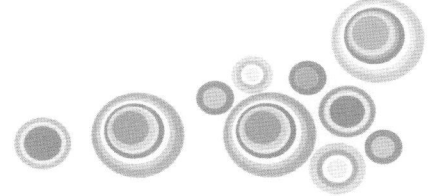

A. 困了，需要休息  C. 不喜欢读书

B. 猜书中内容，自己思考  D. 为生活烦忧

（3）华罗庚的读书方法特别吗？

A. 特别  B. 不特别

（4）下列哪个不是华罗庚读书锻炼出来的优点？

A. 粗心  C. 思考能力

B. 节约时间  D. 想象能力

## 三．拼音

24 Huá luó gēng cāi shū

Zhōng guó yǒu gè zhù míng de shù xué jiā, tā jiào huá luó gēng. Tā dú shū de fāng fǎ hěn tè bié. Tā ná dào yì běn shū, bú shì dǎ kāi shū, cóng tóu dào wěi yí yè yí yè ded ú, ér shì xiān ná zhe shū, bì shàng yǎn jīng sī kǎo yí huì'er. Tā xiān cāi xiǎng shū lǐ miàn yǒu shén me nèi róng, cāi wán le zài dǎ kāi shū.

Rú guǒ zhè běn shū zuòzhě de xiǎng fǎ hé zì jǐ xiǎng de yí yàng, nà tā jiù bú zài dú le. Rú guǒ bù yí yàng, tā jiù bǎ bù yí yàng de dì fāng dú yí xià.

Huá luó gēng zhè zhǒng cāi dú fǎ bù jǐn jié shěng le dú shū shí jiān, ér qiě péi yǎng le zì jǐ de sī kǎo lì hé xiǎng xiàng lì. Yòng zhè zhǒng fāng fǎ dú shū, jiù bú huì máng mù de dú shū xìn shū, biàn wéi shū de nú lì.

## 四．单词

| 单词 | 拼音 | 意思 |
|---|---|---|
| 猜 | cāi | 알아 맞히다, 맞추다, 추측하다. |
| 特别 | tè bié | 특별하다 |
| 从头到尾 | cóng tóu dào wěi | 처음부터 끝까지 |

| 闭上 | bì shàng | 감다 |
|---|---|---|
| 节省 | jié shěng | 절약하다, 아끼다. |
| 培养 | péi yǎng | 배양하다, 키우다. |
| 盲目地 | máng mù de | 맹목적으로 |
| 奴隶 | nú lì | 노예 |

## 五. 韩语

### 24 화뤄겅이 책을 추측하기

중국에는 화뤄겅이라는 유명한 수학자가 있었다. 그의 독서 방법은 매우 특별했다. 그는 한 권의 책을 받으면 책을 펴고 처음부터 끝까지 한 페이지씩 읽는 것이 아니라 먼저 책을 들고 잠시 눈을 감고 생각했다. 화뤄겅은 먼저 책 안의 내용이 무엇일지 추측한 후 책을 펼쳤다.

만약 그 책의 저자의 생각과 자신의 생각이 같다면, 그는 책을 읽지 않았다. 만약 같지 않다면, 그는 차이가 있는 내용만을 읽었다.

화뤄겅의 이러한 독서 방법은 독서 시간을 절약할 뿐만 아니라 자신의 사고력과 상상력도 키워줬다. 이런 방법으로 그는 무턱대고 책을 읽어 책의 노예가 되지 않았다.

## 六. 写作

（1）用10分钟的时间阅读课文，然后不看书，复述并缩写以上文章。

（2）你有什么好的读书方法可以分享？

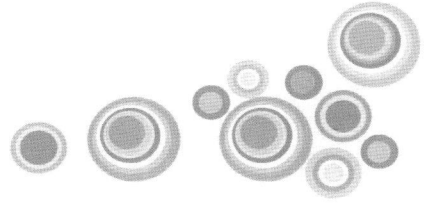

## 25 三个小金人

以前有个使者到中国来,送给皇帝三个一模一样的小金人,皇帝收到礼物,__1__高兴。

同时使者出了一个题:"这__2__个金人哪个最有价值?"皇帝看来看去,想来想去,都觉得这三个小金人是一样的,找不出哪里不一样。

最后,有一位老大臣说他有办法。大臣拿着一根稻草,插入第一个金人的耳朵里,结果稻草从另一边耳朵出来了;大臣又把稻草插入第__3__个金人的耳朵里,结果稻草从嘴巴里直接掉出来了;而第三个金人,稻草进去后掉进了肚子,什么声音也没有。

老臣说:第三个金人最有价值!使者默默无语,答案正确。

——这个故事告诉我们,最有价值的人,不一定是最能说的人。老天给我们两只__4__一个嘴巴,本来就是让我们多听少__5__的。善于倾听,才是成熟的人最基本的素质。

一. 填空

|     | A | B | C | D |
|-----|---|---|---|---|
| (1) | 没有 | 非常 | 看到 | 听见 |
| (2) | 1 | 2 | 3 | 4 |
| (3) | 一 | 二 | 三 | 四 |
| (4) | 鼻子 | 口 | 头发 | 耳朵 |
| (5) | 听 | 说 | 吃 | 走 |

二. 选择

（1）以前有个使者到中国来，送给皇帝什么了？

A. 稻草　　　　　　　　　　　　C. 大臣

B. 耳朵　　　　　　　　　　　　D. 小金人

（2）这个使者到中国来，送给皇帝几个同样的礼物？

A 1个　　　　B 3个　　　　C 2个　　　　D 4个

（3）三个金人一样值钱吗？

A. 一样　　　　　　　　　　　　B. 不一样

（4）为什么最后一个金人最值钱？

A. 因为稻草从另一边耳朵出来了　　C. 因为稻草掉进了肚子里了

B. 因为稻草从嘴巴出来了　　　　　D. 不清楚

（5）这个故事告诉我们什么道理？

A. 善于倾听的重要性　　　　　　C. 大臣的重要性

B. 智慧的重要性　　　　　　　　D. 小金人的重要性

# 三. 拼音

25 Sān gè xiǎo jīn rén

　　Yǐ qián yǒu ge shǐ zhě dào zhōng guó lái, sòng gěi huáng dì sān gè yì mú yí yàng de xiǎo jīn rén, huáng dì shōu dào lǐ wù, fēi cháng gāo xìng.

　　Tóng shí shǐ zhě chū le yí gè tí:"Zhè sān gè jīn rén nǎ ge zuì yǒu jià zhí?" Huáng dì kàn lái kàn qù, xiǎng lái xiǎng qù, dōu jué de zhè sān gè xiǎo jīn rén shì yí yàng de, zhǎo bù chū nǎ li bù yí yàng.

　　Zuì hòu, yǒu yí wèi lǎo dà chén shuō tā yǒu bàn fǎ. dà chén ná zhe yì gēn dào cǎo,chā rù dì yī gè jīn rén de ěr duo lǐ, jié guǒ dào cǎo cóng lìng yì biān ěr duo

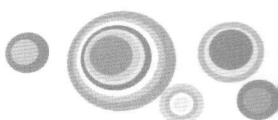

chū lái le; dà chén yòu bǎ dào cǎo chā rù dì èr gè jīn rén de ěr duo lǐ, jié guǒ dào cǎo cóng zuǐ ba lǐ zhíjiē diào chū lái le; ér dì sān gè jīn rén, dào cǎo jìn qù hòu diào jìn le dù zi, shén me shēng yīn yě méi yǒu.

Lǎo chén shuō: Dì sān gè jīn rén zuì yǒu jià zhí! Shǐ zhě mò mò wú yǔ, dá'àn zhèng què.

——zhè ge gù shi gào su wǒ men, zuì yǒu jià zhí de rén, bù yí dìng shì zuì néng shuō de rén. Lǎo tiān gěi wǒ men liǎng zhī ěr duo yí gè zuǐ ba, běn lái jiù shì ràng wǒ men duō tīng shǎo shuō de. Shàn yú qīng tīng, cái shì chéng shú de rén zuì jī běn de sù zhì.

## 四．单词

| 单词 | 拼音 | 意思 |
|---|---|---|
| 使者 | shǐ zhě | 사신 |
| 稻草 | dào cǎo | 볏짚 |
| 插入 | chā rù | 끼워 넣다, 꽂다 |
| 肚子 | dù zi | 복부, 배 |
| 默默无语 | mò mò wú yǔ | 묵묵히 말없다 |
| 老天 | lǎo tiān | 하느님 |
| 倾听 | qīng tīng | 경청하다 |
| 素质 | sù zhì | 소양, 자질 |

## 五．韩语

### 25 세개의 황금 인형

옛날에 한 사신이 중국으로 와 황제에게 금으로 만든 사람 모양의 똑같은 인형 3 개를 바쳤다. 황제는 선물을 받고 매우 기뻐했다.

이와 동시에 사신이 문제를 한 개 냈다. "가장 값진 황금 인형은 어느 것일까요?" 황제

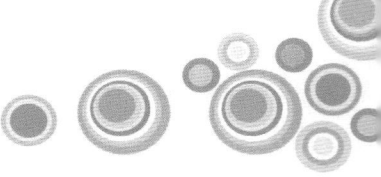

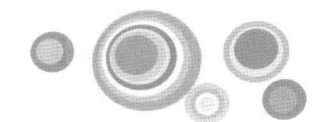

는 반복해서 살펴 보고 생각했지만 이들의 차이점을 찾지 못 했다.

　　마지막으로, 한 늙은 신하가 나와 구분 방법을 말했다. 그 신하는 짚 하나를 들고 첫 번째 황금 인형의 귀에부터 꽂았더니 다른 쪽 귀에서 나왔다. 또 다른 짚으로 두 번째 황금 인형의 귀에 꽂았더니 입에서 짚이 떨어졌다. 그런데 세 번째 황금 인형은 짚이 들어가 배에서 떨어져 아무 소리도 들리지 않았다.

　　그 신하는 세 번째 황금 인형이 가장 값진다고 말했다. 답을 맞춰 사신은 아무 말도 없이 가만히 있었다.

　　이 이야기는 값진 사람은 반드시 말을 잘하는 사람이 아니라는 것을 말해 준다. 하나님이 우리에게 두 개의 귀와 한 개의 입을 주셨는데, 원래는 우리에게 더 많이 듣고 더 적게 말하라고 하셨다. 경청하는 것이 성숙한 사람의 기본적인 소양이다.

## 六．写作

（1）用10分钟的时间阅读课文，然后不看书，复述并缩写以上文章。

（2）你认为多听少说的行为对吗？为什么？

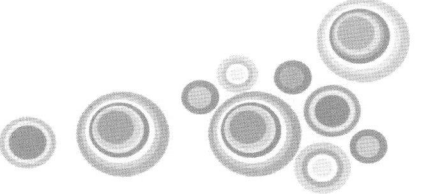

## 26 坐井观天

青蛙坐在井里。小鸟飞来，站在井口上。

青蛙问小鸟："你从哪儿__1__呀？"

小鸟回答说："我从天上来，飞了一百多里，口渴了，下来找点儿__2__喝。"

青蛙说："朋友，别说大话了！天不过井口那么大，还用飞那么远吗？"

小鸟说："你弄错了。天无边无际，大得很哪！"

青蛙笑了，说："朋友，我天天坐在井里，一抬头就看见__3__。我不会弄错的。"

小鸟也笑了，说："朋友，你是弄错了。不信，你跳出井口来__4__一看吧。"

一．填空

|     | A | B | C | D |
| --- | --- | --- | --- | --- |
| (1) | 去 | 来 | 吃 | 睡 |
| (2) | 水 | 饭 | 天 | 口 |
| (3) | 大 | 小 | 天 | 路 |
| (4) | 走 | 看 | 跑 | 听 |

二．选择

（1）青蛙坐在哪里?

A. 井里　　　　　　　　　　　　B. 河里

C. 海里　　　　　　　　　　　D. 缸里

（2）有一天，什么动物和青蛙聊天？

A. 螃蟹　　　　　　　　　　　C. 小鸟

B. 海龟　　　　　　　　　　　D. 蝌蚪

（3）青蛙见到的天和小鸟见到的天一样大吗？

A. 一样大　　　　　　　　　　B. 不一样大

（4）井大还是天大？

A. 井大　　　　　　　　　　　C. 天大

B. 一样大　　　　　　　　　　D. 不清楚

（5）这个故事告诉我们什么道理？

A. 朋友的重要性　　　　　　　C. 不应该故步自封

B. 心情很重要　　　　　　　　D. 青蛙很笨

# 三．拼音

### 26 Zuò jǐng guān tiān

qīng wā zuò zài jǐng lǐ. Xiǎo niǎo fēi lái, zhàn zài jǐng kǒu shàng.

qīng wā wèn xiǎo niǎo:"Nǐ cóng nǎ'er lái ya?"

Xiǎo niǎo huí dá shuō:"Wǒ cóng tiān shàng lái, fēi le yì bǎi duō lǐ, kǒu kě le, xià lái zhǎo diǎn r shuǐ hē."

qīng wā shuō:"péng you, bié shuō dà huà le! Tiān bú guò jǐng kǒu nà me dà, hái yòng fēi nà me yuǎn ma?"

Xiǎo niǎo shuō:"Nǐ nòng cuò le. Tiān wú biān wú jì, dà de hěn na!"

qīng wā xiào le, shuō:"péng you, wǒ tiān tiān zuò zài jǐng lǐ, yì tái tóu jiù kàn jiàn tiān. Wǒ bú huì nòng cuò de."

Xiǎo niǎo yě xiào le, shuō:"péng you, nǐ shì nòng cuò le. Bú xìn, nǐ tiào chū jǐng kǒu lái kàn yí kàn ba."

## 四．单词

| 单词 | 拼音 | 意思 |
| --- | --- | --- |
| 大话 | dà huà | 큰소리. 헛소리. =吹牛 |
| 不过 | bú guò | …에 불과하다, 그런데 |
| 弄错 | nòng cuò | 잘 못 알다 |
| 无边无际 | wú biān wú jì | 끝없이 넓다 |

## 五．韩语

### 26 우물안 개구리

개구리는 우물 안에 앉아 있었다. 새가 날아와 우물 위에 서 있었다.

개구리는 새에게 물었다. "어디서 왔니?"

새는 "하늘에서 100여 킬로미터를 날았어. 목이 말라 물을 마시러 내려 왔어."라고 대답했다.

개구리는 "친구야, 허세 부리지 마! 하늘의 크기는 우물만큼 불과한데 멀리 날 필요가 있을 까?" 라고 물었다.

새는 "너는 완전히 잘 못 알고 있어. 하늘은 한계가 없고 매우 커"라고 대답했다.

개구리는 웃으며 대답했다."친구야, 나는 매일 우물 안에 앉아 있다가 고개를 들면 바로 하늘을 볼 수 있어. 내가 잘 못 알고 있을 리가 없어."

새도 웃으면서 말했다. "친구야, 네가 진짜 잘 못 알고 있어. 못 믿겠으면 우물에서 뛰어 나와 바깥 세계를 한 번 봐 봐."

## 27 不生气的秘密

古时候，有个叫阿迪的__1__，他一生气就跑回家去，然后绕着自己的房子和土地跑三圈儿。

后来，他的房子越来越大，土地也越来越多，而一生气时，他仍然要绕着自己的房子和土地__2__三圈，结果总是把自己累得气喘吁吁，汗流浃背。

孙子问："爷爷！你__3__时就绕着房子和土地跑，这里面有什么秘密？"

阿迪对孙子说："年轻时，一和人吵架，争论，生气时，我就绕着自己的房子和土地跑三圈儿，我__4__跑边想，自己的房子这么小，土地这么少，哪有时间和精力跟别人生气呢？一想到这里，我的气就消了，也就有更多的时间和精力工作和学习了。"孙子又问："爷爷！你已经成了有__5__人，可是为什么还要绕着房子和土地跑三圈儿呢？"阿迪笑着说："一边跑我就一边想啊——我的房子这么大，又何必和别人计较呢？一想到这里，我的__6__就消了。"

这个故事告诉我们：焦点在哪里，成功就在__7__。与其生气，不如努力。

一．填空

|     | A | B | C | D |
|-----|---|---|---|---|
| (1) | 狗 | 猫 | 兔子 | 人 |

| (2) | 走 | 坐 | 跑 | 躺 |
| --- | --- | --- | --- | --- |
| (3) | 生气 | 高兴 | 开心 | 快乐 |
| (4) | 一会 | 以前 | 以后 | 边 |
| (5) | 钱 | 时间 | 饭 | 动物 |
| (6) | 眼 | 气 | 生 | 孙子 |
| (7) | 后面 | 左边 | 哪里 | 右面 |

## 二．选择

(1) 阿迪生气了会怎么样？

A. 和别人发火　　　　　　　　　　　C. 绕自己的房子和土地跑三圈

B. 和别人吵架　　　　　　　　　　　D. 睡觉

(2) 年轻时阿迪跑完步为什么就不生气了？

A. 太累了　　　　　　　　　　　　　C. 房子太小，没有精力再和别人生气

B. 房子太大，应该学会满足　　　　　D. 锻炼身体之后，身心痛快

(3) 阿迪年轻时和年老时房子一样大吗？

A. 一样大　　　　　　　　　　　　　B. 不一样大

(4) 年老时阿迪跑完步为什么就不生气了？

A. 太累了　　　　　　　　　　　　　C. 房子太小，没有精力再和别人生气

B. 房子太大，应该学会满足　　　　　D. 锻炼身体之后，身心痛快

(5) 这个故事告诉我们什么道理？

A. 焦点在哪里，成功就在哪里　　　　C. 应该经常跑步

B. 心情很重要　　　　　　　D. 不应该经常生气

## 三. 拼音

### 27 Bù shēng qì de mì mì

Gǔ shí hou, yǒu gè jiào ā dí de rén, tā yì shēng qì jiù pǎo huí jiā qù, rán hòu rào zhe zì jǐ de fáng zi hé tǔ dì pǎo sān quān r.

Hòu lái, tā de fáng zi yuè lái yuè dà, tǔ dì yě yuè lái yuè duō, ér yì shēng qì shí, tā réng rán yào rào zhe zì jǐ de fáng zi hé tǔ dì pǎo sān quān, jié guǒ zǒng shì bǎ zì jǐ lèi de qì chuǎn xū xū, hàn liú jiābèi.

sūn zi wèn:"Yé ye! Nǐ shēng qì shí jiù rào zhe fáng zi hé tǔ dì pǎo, zhè lǐ miàn yǒu shén me mì mì?"

Ā dí duì sūn zi shuō:"Nián qīng shí, yì hè rén chǎo jià, zhēng lùn, shēng qì shí, wǒ jiù rào zhe zì jǐ de fáng zi hé tǔ dì pǎo sān quān er, wǒ biān pǎo biān xiǎng, zì jǐ de fáng zi zhè me xiǎo, tǔ dì zhè me shǎo, nǎ yǒu shí jiān hé jīng lì gēn bié rén shēng qì ne? Yì xiǎng dào zhè lǐ, wǒ de qì jiù xiāo le, yě jiù yǒu gèng duō de shí jiān hé jīng lì gōng zuò hé xué xí le." sūn zi yòu wèn:"Yé ye! Nǐ yǐ jīng chéng le yǒu qián rén, Kě shì wèi shén me hái yào rào zhe fáng zi hé tǔ dì pǎo sān quān r ne?" ā dí xiào zhe shuō:"Yì biān pǎo wǒ jiù yì biān xiǎng a——wǒ de fáng zi zhè me dà, yòu hé bì hé bié rén jì jiào ne? Yì xiǎng dào zhè lǐ, wǒ de qì jiù xiāo le."

zhè ge gù shi gào su wǒ men: Jiāo diǎn zài nǎ lǐ, chéng gōng jiù zài nǎ lǐ. Yǔ qí shēng qì, bù rú nǔ lì.

## 四. 单词

| 单词 | 拼音 | 意思 |
|---|---|---|
| 绕着 | rào zhe | 돌다 |
| 圈儿 | quān r | 둘레, 바퀴 |
| 气喘吁吁 | qì chuǎn xū xū | 숨이 가빠서 식식거리는 모양 |
| 汗流浃背 | hàn liú jiā bèi | 땀이 등에 배다 |
| 年轻 | nián qīng | 젊다 |

| 争论 | zhēng lùn | 쟁론하다, 변론하다 |
| 精力 | jīng lì | 정력, 에너지 |
| 消 | xiāo | 사라지다, 가라앉다 |
| 消气 | xiāo qi | 화를 풀다, 화가 풀리다. |
| 何必 | hé bì | …할 필요가 있는가. …할 필요가 없다. |
| 计较 | jì jiào | 따지다, 신경 쓰다 |
| 焦点 | jiāo diǎn | 초점 |
| 与其…不如… | yǔ qí…bù rú… | …하느니 차라리…낫다 |

## 五. 韩语

### 27 화내지 않은 비밀

　　옛날에 아디라는 사람이 있었다. 그는 화가 나면 바로 집으로 뛰어 돌아갔다. 그 후 자기의 집과 땅 주위를 3바퀴를 달렸다.

　　이후 그의 집이 갈수록 커졌고 땅도 점점 많아졌다. 하지만 그는 화가 나면 여전히 자기의 집과 땅 주위를 3바퀴를 달렸다. 결국에는 자신이 숨찼고 땀을 뻘뻘 흘렸다.

　　손자는 "할아버지! 할아버지 화가 날 때 집과 땅 주위를 3바퀴를 달리는 데, 여기에 어떤 비밀이 있어요?" 라고 물었다.

　　아디는 손자에게 말했다. "젊었을 때 사람들과 말다툼을 하다가 화가 나면 집과 땅을 3바퀴를 뛰었어. 내가 달리면서 생각했지. 내 집이 이렇게 작고 땅이 이렇게 적은데, 다른 사람에게 화를 낼 시간과 에너지가 어디 있겠니? 여기까지 생각을 하니 화가 풀렸고 일과 공부에 쓸 수 있는 시간과 에너자도 많아졌어." 손자가 또 이렇게 물었다. "할아버지 이제부자가 됐는데 왜 아직도 집과 땅 주위를 3바퀴나 달리시나요?" 아디는 웃으며 말했다. "내가 달리면서 생각했지. 나의 집이 이렇게 큰데 남과 따질 필요가 있겠나? 여기까지 생각을 하니 화가 풀렸지."

　　이 이야기는 초점이 있는 곳에 성공이 있고, 화를 내는 것보다 열심히 노력하는 것이 더 낫다고 말해 준다.

## 28 乌鸦和兔子

乌鸦站在树上，每天什么事情都不做，兔子看见乌鸦，就问："我能像你__1__样，每天什么事都不用干吗？"乌鸦说："当然，有什么不可以呢？"于是，兔子躺在树下，开始休息。忽然，一只狐狸出现了，它跳起来抓住__2__，把它吃了。

这个故事告诉我们，如果你想站着什么事都不__3__，那你必须站得非常高。

一. 填空

|     | A | B | C | D |
| --- | --- | --- | --- | --- |
| (1) | 一 | 二 | 三 | 四 |
| (2) | 乌鸦 | 狐狸 | 兔子 | 小狗 |
| (3) | 听 | 做 | 休息 | 坐 |

二. 选择

(1) 谁站在树上，每天什么都不做?

A. 乌鸦　　　　　　　　C. 狐狸

B. 兔子　　　　　　　　D. 松鼠

(2) 兔子躺在树下，发生了什么?

A. 睡着了　　　　　　　C. 饿了

B. 流口水了　　　　　　D. 被狐狸吃掉了

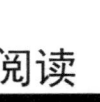
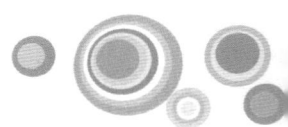

（3）乌鸦被狐狸吃掉了吗？

A. 被吃掉了　　　　　　　　　　　B. 没有被吃掉

（4）这个故事告诉我们什么道理？

A. 兔子很倒霉　　　　　　　　　　C. 狐狸很狡猾

B. 乌鸦是骗子　　　　　　　　　　D. 想要什么都不做，需要站得很高

## 三．拼音

### 28 Wū yā hé tù zi

  Wū yā zhàn zài shù shàng, měi tiān shén me shì qing dōu bú zuò, tù zi kàn jiàn wū yā, jiù wèn:"Wǒ néng xiàng nǐ yí yàng, měi tiān shén me shì dōu bú yòng gàn ma?" Wū yā shuō:"Dāng rán, yǒu shén me bù kě yǐ ne?" Yú shì, tù zi tǎng zài shù xià, kāi shǐ xiū xi. hū rán, yì zhī hú li chū xiàn le, tā tiào qǐ lái zhuā zhù tù zi, bǎ tā chī le.

  zhè ge gù shi gào su wǒ men, rú guǒ nǐ xiǎng zhàn zhe shén me shì dōu bú zuò, nà nǐ bì xū zhàn de fēi cháng gāo.

## 四．单词

| 单词 | 拼音 | 意思 |
| --- | --- | --- |
| 乌鸦 | wū yā | 까마귀 |
| 站着 | zhàn zhe | 서 있다, 서 있으면서 |
| 必须 | bì xū | 반드시 |

## 五．韩语

### 28 까마귀와 토끼

  까마귀는 나무 위에 서서 매일 아무 일도 하지 않는다. 토끼는 까마귀를 보고 "나는 너

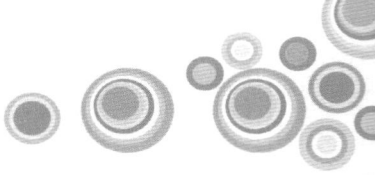

 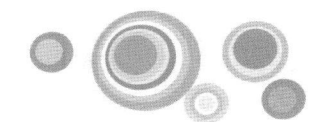

처럼 매일 아무 일도 안 해도 되냐"고 물었다. 까마귀는 "물론이지, 왜 안 돼?"라고 말했다. 그러자 토끼는 나무 아래에 누워 쉬기 시작했다. 갑자기 여우 한 마리가 나타나 토끼를 잡아 먹었다.

이 이야기는 아무것도 하지 않으려면, 반드시 아주 높은 곳에 서 있어야 한다는 것을 말해 준다.

## 六．写作

（1）用10分钟的时间阅读课文，然后不看书，复述并缩写以上文章。

（2）你觉得怎么样才能每天玩儿，什么工作都不做？

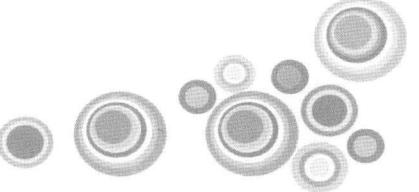

## 29 叶公好龙

从前有一位叶公，他特别__1__龙。他屋里的门、窗、柱子上都请工匠雕刻上龙纹，雪白的墙上也请工匠画一条条巨龙。甚至他__2__的衣服、盖的被子上，也都绣上了活灵活现的金龙。

附近的人都知道叶公喜欢龙。天上的真龙听说__3__，很受感动，亲自下来看叶公。巨龙把身子盘在叶公家客厅的柱子上，尾巴放在地上，头从窗户里伸进了叶公的书房，叶公一见__4__龙，吓得面色苍白，转身逃跑了。

这个故事告诉我们：做人要表里如一，不要盲目崇拜一些事物。

### 一．填空

|     | A    | B    | C    | D    |
| --- | ---- | ---- | ---- | ---- |
| (1) | 讨厌 | 写   | 喜欢 | 害怕 |
| (2) | 穿   | 看   | 吃   | 听   |
| (3) | 以前 | 以后 | 时间 | 龙   |
| (4) | 真   | 假   | 老   | 小   |

### 二．选择

（1）从前，谁很喜欢龙？

A. 真龙　　　　　　　　　　C. 叶公

B. 上天　　　　　　　　　　D. 朋友

(2) 他穿的衣服、盖的被子上，也都绣上了什么？

A. 金龙　　　　　　　　　　C. 鲤鱼

B. 牡丹　　　　　　　　　　D. 荷叶

(3) 真龙去看叶公了吗？

A. 去了　　　　　　　　　　B. 没有去

(4) 叶公见到了真龙怎么了？

A. 很高兴　　　　　　　　　C. 很安心

B. 很害怕　　　　　　　　　D. 很幸福

(5) 这个故事告诉我们什么道理？

A. 不要盲目喜欢一些东西　　C. 不要喜欢龙

B. 胆量很重要　　　　　　　D. 不应该在被子上绣龙

## 三．拼音

### 29 Yè gōng hào lóng

Cóng qián yǒu yí wèi yè gōng, tā tè bié xǐ huan lóng. Tā wū li de mén, chuāng, zhù zi shang dōu qǐng gōng jiàng diāo kè shàng lóng wén, xuě bái de qiáng shàng yě qǐng gōng jiàng huà yì tiáo tiáo jù lóng. Shèn zhì tā chuān de yī fu, gài de bèi zi shàng, yě dōu xiù shàng le huó líng huó xiàn de jīn lóng.

Fù jìn de rén dōu zhī dào yè gōng xǐ huan lóng. Tiān shàng de zhēn lóng tīng shuō yǐ hòu, hěn shòu gǎn dòng, qīn zì xià lái kàn yè gōng. Jù lóng bǎ shēn zi pán zài yè gōng jiā kè tīng de zhù zi shàng, wěi ba fàng zài dì shàng, tóu cóng chuāng hù lǐ shēn jìn le yè gōng de shū fáng, yè gōng yí jiàn zhēn lóng, xià de miàn sè cāng bái, zhuǎn shēn táo pǎo le.

zhè ge gù shi gào su wǒ men: Zuò rén yào biǎo lǐ rú yī, bú yào máng mù chóng bài yì xiē shì wù.

## 四. 单词

| 单词 | 拼音 | 意思 |
|---|---|---|
| 工匠 | gōng jiàng | 장인 |
| 雕刻 | diāo kè | 조각하다, 새기다. |
| 纹 | wén | 무늬 |
| 甚至 | shèn zhì | 심지어 |
| 绣 | xiù | 수놓다 |
| 活灵活现 | huó líng huó xiàn | 생생하다. 매우 생동적이고 핍진하다. |
| 盘 | pán | 맴돌다, 둘둘 휘감다, 둘둘 감다 |
| 客厅 | kè tīng | 객실, 거실 |
| 苍白 | cāng bái | 창백하다 |
| 表里如一 | biǎo lǐ rú yī | 안팎이 같다. 생각과 언행이 일치하다 |

## 五. 韩语

### 29 섭공호룡 (섭공이 용을 좋아한다)

　　옛날에 섭공이란 사람이 있었는데 그는 용을 특별히 좋아했다. 그의 집에 있는 문, 창과 기둥에는 모두 장인에게 부탁해서 용무늬를 새기도록 했다. 눈처럼 하얀 벽 위에도 장인에게 한 줄 한 줄의 거대한 용을 그려 달라고 부탁했다. 심지어 그가 입은 옷과 덮은 이불에도 모두 생동적인 금룡을 수놓았다.

　　근처 사람들은 모두 섭공이 용을 좋아한다는 것을 알았다. 하늘의 살아 있는 용은 이를 듣고 감동을 받아 직접 섭공을 보러 내려 왔다. 거대한 용은 섭공 집의 거실의 기둥에 몸을 얹고, 꼬리는 땅에 두고, 머리는 창문을 통해 섭공의 서재로 들어갔다. 섭공은 살아 있는 용을 보자마자 겁에 질려 얼굴이 창백한 모습으로 도망쳤다.

　　이 이야기는 우리에게 사람은 생각과 언행이 일치해야 하며 맹목적으로 무엇을 숭배하면 안 된다고 말해 준다.

# 30 中秋节的由来

听说在古代，天上有十个太阳同时出现，晒得庄稼枯死，民不聊生。一个名叫后羿的英雄，力大无穷。他同情受苦的百姓，登上昆仑山顶，拉开神弓。一气射下九__1__太阳，并严令最后一个太阳按时起落。从此受到百姓的爱戴。

一天，后羿遇到了王母娘娘，王母娘娘送给他一包不死药。只要__2__了这个药，就能马上飞到天上，变成__3__。后羿不想自己变成神仙，就把不死药交给妻子嫦娥保管。没想到被心术不正的蓬蒙看见了。蓬蒙趁后羿外出的时候，拿着剑闯入后羿的家，威逼嫦娥交出不死药。

嫦娥情急之下，将不死药一口吞下。接着嫦娥就__4__离了地面，飞上天去了。由于嫦娥很想念丈夫，便飞到离地球最近的月亮上变成了神仙。后羿回来以后，非常__5__，一直叫着妻子的名字。

这时他惊奇地发现，今天的__6__格外地明亮，而且有个晃动的身影看起来很像嫦娥。后羿太思念妻子了，只好摆上香案，放上很多好吃的，遥祭在月宫里爱着自己的嫦娥。百姓纷纷在月下摆设香案，向__7__的嫦娥祈求吉祥平安。

从此，中秋节拜月的风俗在民间传开了。

## 一．填空

| A | B | C | D |

| (1) | 个 | 张 | 本 | 面 |
| --- | --- | --- | --- | --- |
| (2) | 扔 | 看 | 吃 | 丢 |
| (3) | 王母 | 神仙 | 鬼 | 人 |
| (4) | 飞 | 休息 | 坐 | 跑 |
| (5) | 高兴 | 开心 | 悲伤 | 喜欢 |
| (6) | 星星 | 月亮 | 地球 | 家 |
| (7) | 坏 | 小 | 善良 | 恶 |

## 二．选择

（1）谁登上昆仑山顶，拉开神弓？

A. 嫦娥　　　　　　　　　　　C. 后羿

B. 蓬蒙　　　　　　　　　　　D. 百姓

（2）王母娘娘送给后羿一包什么？

A. 不死药　　　　　　　　　　C. 感冒药

B. 后悔药　　　　　　　　　　D. 咳嗽药

（3）谁吃了后羿的药？

A. 嫦娥　　　　B. 蓬蒙　　　　C. 后羿　　　　D. 百姓

（4）后羿为什么摆上香案祭祀？

A. 太想念朋友　　　　　　　　C. 恨蓬蒙

B. 担心百姓　　　　　　　　　D. 思念妻子

## 三．拼音

## 30 Zhōng qiū jié de yóu lái

Tīng shuō zài gǔ dài, tiān shàng yǒu shí gè tài yáng tóng shí chū xiàn, shài de zhuāng jia kū sǐ, mín bù liáo shēng. yí gè míng jiào hòu yì de yīng xióng, lì dà wú qióng. Tā tóng qíng shòukǔ de bǎi xìng, dēng shàng kūn lún shān dǐng, lā kāi shén gōng. Yí qì shè xià jiǔ ge tài yáng, bìng yán lìng zuì hòu yí gè tài yáng àn shí qǐ luò. Cóng cǐ shòu dào bǎi xìng de ài dài.

yì tiān, hòu yì yù dào le wáng mǔ niáng niang, wáng mǔ niáng niang sòng gěi tā yì bāo bù sǐ yào. Zhǐ yào chī le zhè ge yào, jiù néng mǎ shàng fēi dào tiān shàng, biàn chéng shén xiān. Hòu yì bù xiǎng zì jǐ biàn chéng shén xiān, jiù bǎ bù sǐ yào jiāo gěi qī zi cháng'é bǎo guǎn. Méi xiǎng dào bèi xīn shù bú zhèng de péng méng kàn jiàn le. Péng méng chèn hòu yì wài chū de shí hou, ná zhe jiàn chuǎng rù hòu yì de jiā, wēi bī cháng'é jiāo chū bù sǐ yào.

Cháng'é qíng jí zhī xià, jiāng bù sǐ yào yì kǒu tūn xià. Jiē zhe cháng'é jiù fēi lí le dì miàn, fēi shàng tiān qù le. Yóu yú cháng'é hěn xiǎng niàn zhàng fu, biàn fēi dào lí dì qiú zuì jìn de yuè liang shàng biàn chéng le shén xiān. Hòu yì huí lái yǐ hòu, fēi cháng bēi shāng, yì zhí jiào zhe qī zi de míng zì.

Zhè shí tā jīng qí de fā xiàn, jīn tiān de yuè liang gé wài de míng liàng, ér qiě yǒu ge huǎng dòng de shēn yǐng kàn qǐ lái hěn xiàng cháng'é. Hòu yì tài sī niàn qī zi le, zhǐ hǎo bǎi shang xiāng'àn, fàng shang hěn duō hǎo chī de, yáo jì zài yuè gōng lǐ ài zhe zì jǐ de cháng'é. Bǎi xìng fēn fēn zài yuè xià bǎi shè xiāng'àn, xiàng shàn liáng de cháng'é qí qiú jí xiáng píng'ān.

Cóng cǐ, zhōng qiū jié bài yuè de fēng sú zài mín jiān chuán kāi le.

## 四. 单词

| 单词 | 拼音 | 意思 |
| --- | --- | --- |
| 民不聊生 | mín bù liáo shēng | 백성이 편안히 살 수가 없다 |
| 英雄 | yīng xióng | 영웅 |
| 一气 | yí qì | 단숨에, 한번에 |
| 严令 | yán lìng | 엄하게 명령하다 |
| 爱戴 | ài dài | 추대하다 |
| 心术不正 | xīn shù bú zhèng | 마음 씀씀이가 바르지 못하다, 심술 궂다 |

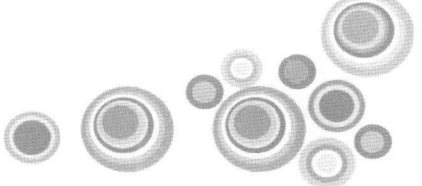

| 威逼 | wēi bī | 협박하다 |
| 香案 | xiāng àn | 향안, 제사용 테이블 |
| 遥 | yáo | 요원하다, 멀리 |
| 祈求 | qí qiú | 기원하다 |
| 吉祥 | jí xiáng | 길상, 길하다, 상서롭다. |
| 拜月 | bài yuè | 달을 보며 기도하다 |

## 五. 韩语

### 30 추석의 유래

고대에는 하늘에 태양 10 개가 동시에 나타난 적이 있었다. 농작물이 말라 죽었고 백성들이 편히 생활할 수 없었다. 후예라는 매우 대단한 영웅은 있었다. 그는 고통 받는 백성들을 동정하여 쿤룬산 정상에 올라 활을 당겨 한 번에 9 개의 태양을 쏘았다. 또한 마지막 태양에게 제시간에 뜨고 지도록 명령했다. 그 후 그는 백성들에게 추대를 받았다.

어느 날, 후예는 서왕모를 만났고 서왕모는 그에게 불사약 한 봉지를 주었다. 이 약을 먹으면 바로 하늘로 날아가 신선이 될 수 있다. 후예는 혼자 신선이 되고 싶지 않아서 아내 상아에게 약을 맡겼다. 하지만 뜻밖에 심술 궂은 펭멍이 그것을 보았다. 후예가 외출한 틈을 타서 펭멍은 검을 들고 그의 집에 침입하여 상아에게 약을 내놓으라고 협박했다.

상아는 상황이 급박하여 불사약을 한입에 삼켰다. 그러자 상아는 지면을 떠나 하늘로 날아갔다. 상아는 남편이 너무 그리워 지구에서 가장 가까운 달까지 날아가 신선이 되었다. 후예는 돌아온 후, 그는 매우 슬퍼 아내의 이름을 계속해서 불렀다.

이 때 그는 오늘 달이 유난히 밝고 흔들리는 모습이 상어처럼 보였다는 사실에 놀랐다. 후예는 아내가 너무 그리워 맛있는 음식을 많이 담은 향안을 차려 놓고, 월궁을 향해 자신을 사랑하는 상아를 기념했다. 백성들도 달 아래에 향안을 차려 선량한 상아에게 길상과 평안을 기원했다.

그 후 추석에 달을 보며 기도하는 풍습이 민간에서 퍼졌다.

## 31 蚊子和狮子

从前有个自大的蚊子，它向百兽之__1__狮子发出了挑战。

狮子哈哈大__2__起来，蚊子气得眼珠子都绿了。它嗡嗡地飞过去，朝狮子脸上没毛的地方，狠狠咬下去。狮子疼得嗷嗷直叫，挥起爪子朝蚊子拍去。蚊子左闪右躲，一边叮，一边在狮子脸上乱飞乱窜。狮子又痒又疼，向自己的__3__抓下去。结果，把脸抓得鲜血直流。

"我打赢狮子咯，我才是百兽之王。"蚊子得意洋洋，大喊大叫地飞舞起来。谁知，竟撞进了蜘蛛网里。"我打败过狮子，没想到却死在这小小的蜘蛛手里。"蚊子叹道。

这故事是说：人各有优缺__4__，要是只看到优点，变得自大，就会__5__。

## 一．填空

|     | A | B | C | D |
|-----|---|---|---|---|
| (1) | 王 | 母 | 父 | 妹 |
| (2) | 哭 | 走 | 笑 | 跑 |
| (3) | 鼻子 | 脚 | 毛 | 脸 |
| (4) | 点 | 时间 | 蚊子 | 狮子 |
| (5) | 成功 | 失败 | 高兴 | 开心 |

## 二．选择

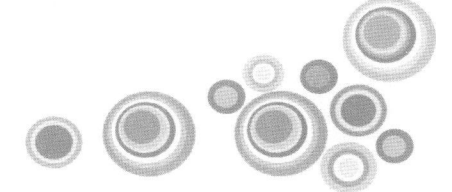

（1）从前有个自大的蚊子，它向谁发出了挑战？

A. 老虎
B. 狮子
C. 蜘蛛
D. 蚂蚁

（2）狮子为什么嗷嗷直叫？

A. 因为生气
B. 被蚊子咬得疼
C. 自己伤心
D. 心情不好

（3）狮子抓住蚊子了吗？

A. 抓住了
B. 没有抓住

（4）蚊子死在了哪里？

A. 狮子的手心里
B. 蜘蛛网
C. 老虎的嘴里
D. 不清楚

（5）这个故事告诉我们什么道理？

A. 朋友的重要性
B. 蜘蛛比狮子厉害
C. 做人不应该目光短浅
D. 人各有优缺点

## 三．拼音

### 31 Wén zi hé shī zi

　　Cóng qián yǒu ge zì dà de wén zi, tā xiàng bǎi shòu zhī wáng shī zi fā chū le tiǎo zhàn.

　　Shī zi hā hā dà xiào qǐ lái, wén zi qì de yǎn zhū zi dōu lǜ le. Tā wēng wēng de fēi guò qù, cháo shī zi liǎn shang méi máo de dì fāng, hěn hěn yǎo xià qù. Shī zi téng de áo'áo zhí jiào, huī qǐ zhuǎ zi cháo wén zi pāi qù. Wén zi zuǒ shǎn yòu duǒ, yì biān dīng, yì biān zài shī zi liǎn shang luàn fēi luàn cuàn. Shī zi yòu yǎng yòu téng, xiàng zì jǐ de liǎn zhuā xià qù. Jié guǒ, bǎ liǎn zhuā de xiān xuè zhí liú.

"Wǒ dǎ yíng shī zi lo, wǒ cái shì bǎi shòu zhī wáng." Wén zi dé yì yáng yáng, dà hǎn dà jiào de fēi wǔ qǐ lái. Shuí zhī, jìng zhuàng jìn le zhī zhū wǎng lǐ. "Wǒ dǎ bài guò shī zi, méi xiǎng dào què sǐ zài zhè xiǎo xiǎo de zhī zhū shǒu lǐ." Wén zi tàn dào.

Zhè gù shi shì shuō: Rén gè yǒu yōu quē diǎn, yào shi zhǐ kàn dào yōu diǎn, biàn de zì dà, jiù huì shī bài.

## 四．单词

| 单词 | 拼音 | 意思 |
|---|---|---|
| 自大 | zì dà | 거만하다, 오만하다. |
| 蚊子 | wén zi | 모기 |
| 挑战 | tiǎo zhàn | 도전하다 |
| 狠狠 | hěn hěn | 매섭게, 따끔하게, 호되게 |
| 嗷嗷 | áo'áo | 울거나 외치는 소리 |
| 挥 | huī | 휘두르다 |
| 左闪右躲 | zuǒ shǎn yòu duǒ | 이리저리 피하다 |
| 叮 | dīng | (모기 등이) 물다 |
| 窜 | cuàn | 마구 뛰어다니다, 달아나다 |
| 痒 | yǎng | 간지럽다 |
| 飞舞 | fēi wǔ | 춤추듯이 공중에 흩날리다 |
| 撞 | zhuàng | 부딪치다, 충돌하다 |
| 蜘蛛网 | zhī zhū wǎng | 거미줄 |

## 五．韩语

### 31 모기와 사자

옛날에 거만한 모기가 있었는데 그는 백수의 왕인 사자에게 도전장을 내밀었다.

사자가 하하 웃기 시작하자 모기는 이를 보고 화를 냈다. 모기는 사자를 향해 윙윙 날아서 얼굴에 털이 없는 곳을 물었다. 사자는 아파서 소리를 지르며 발을 흔들고 모기를 향해 손을 휘둘렀다. 모기는 재빠르게 이리저리 피하면서 사자의 얼굴을 찔렀다. 사자는 가려웠고 고통스러워 얼굴을 긁었고, 결국 얼굴에 피가 흘렀다.

"내가 사자를 이겼어. 나야말로 백수의 왕이다." 모기가 득의양양하게 외치며 날아다니기 시작했다. 하지만 누가 알았겠는가, 모기는 거미줄에 부딪쳐 걸렸다. "나는 사자를 이겼지만 이 작은 거미의 손에 죽을 줄은 몰랐다." 모기가 한숨을 쉬었다.

이 이야기는 사람은 나름대로의 장점과 단점이 있고, 자신의 장점만 보고 거만해지면 실패할 것을 말해 준다.

## 六．写作

（1）用10分钟的时间阅读课文，然后不看书，复述并缩写以上文章。

（2）请讲一个自大而导致失败的故事。

## 32 疑人偷斧

以前，有个__1__在村子里的人，一天他丢了一把斧头。他以为是隔壁人家的儿子偷的，于是他常常注意那人的行动，他觉得那人走路的样子，说话的声音都和平常人不一样。总之，那人的一举一动，都很像一个偷东西的人。

后来，他自己把那把丢了的斧子找了回来。原来是他自己上山砍柴时，不小心把斧子掉在__2__里了。第二天，他又碰见隔壁人家的儿子，再看那人走路的样子，说话的__3__，就都不像一个偷东西的人了。

这个故事告诉我们：带着有色眼镜看人，往往产生错误。

一．填空

|     | A | B | C | D |
|-----|---|---|---|---|
| (1) | 飞 | 住 | 坐 | 吃 |
| (2) | 家 | 村 | 山 | 人 |
| (3) | 声音 | 行动 | 儿子 | 门 |

二．选择

(1) 有个住在村子里的人，有一天他丢了什么？

A. 斧头　　　　　　　　　C. 钱

B. 柴火　　　　　　　　　D. 手机

(2) 他怀疑是谁偷的？

A. 妻子  
B. 儿子  
C. 强盗  
D. 隔壁的儿子

（3）是隔壁的儿子偷了斧头吗？

A. 是的  
B. 不是

（4）最后他在哪里找到了斧头？

A. 隔壁的家里  
B. 自己家里  
C. 树林里  
D. 河水里

（5）这个故事告诉我们什么道理？

A. 不要带有色眼镜看人  
B. 推理能力很重要  
C. 做人不应该粗心  
D. 要随便怀疑别人

## 三．拼音

### 32 Yí rén tōu fǔ

Yǐ qián, yǒu ge zhù zài cūn zi lǐ de rén, yì tiān tā diū le yì bǎ fǔ tóu. Tā yǐ wéi shì gé bì rén jiā de ér zi tōu de, yú shì tā cháng cháng zhù yì nà rén de xíng dòng, tā jué de nà rén zǒu lù de yàng zi, shuō huà de shēng yīn dōu hé píng cháng rén dōu bù yí yàng. Zǒng zhī, nà rén de yì jǔ yí dòng, dōu hěn xiàng yí gè tōu dōng xi de rén.

Hòu lái, tā zì jǐ bǎ nà bǎ diū le de fǔ zi zhǎo le huí lái. Yuán lái shì tā zì jǐ shàng shān kǎn chái shí, bù xiǎo xīn bǎ fǔ zi diào zài shān li le. Dì èr tiān, tā yòu pèng jiàn gé bì rén jiā de ér zi, zài kàn nà rén zǒu lù de yàng zi, shuō huà de shēng yīn jiù dōu bú xiàng yí gè tōu dōng xi de rén le.

zhè ge gù shi gào su wǒ men: Dài zhe yǒu sè yǎn jìng kàn rén, wǎng wǎng chǎn shēng cuò wù.

## 四. 单词

| 单词 | 拼音 | 意思 |
| --- | --- | --- |
| 疑 | yí | 의심하다 |
| 斧头 | fǔ tóu | 도끼 |
| 隔壁 | gé bì | 옆집 |
| 一举一动 | yì jǔ yí dòng | 모든 행동, 일거수 일투족 |
| 砍柴 | kǎn chái | 장작을 패다 |
| 碰见 | pèng jiàn | (우연히) 만나다, 뜻밖에 만나다. |
| 眼镜 | yǎn jìng | 안경 |

## 五. 韩语

### 32 의인투부 (도끼 훔친 사람을 의심하다)

　　어느 마을에 살고 있는 한 남자는 어느 날 도끼를 잃어 버렸다. 그는 옆집 이웃의 아들이 훔쳤다고 생각했다. 그래서 그는 자주 그 사람의 행동을 주의했다. 그 사람이 길을 걷는 모습과 말하는 목소리가 남들과 다르다는 것을 느꼈다. 그 사람의 모든 행동들은 마치 도둑과 같았다.

　　그 후, 그는 잃어 버린 도끼를 스스로 찾았다. 잃어 버린 그 도끼는 그가 나무를 자르기 위해 산에 올라가면서 산에 떨어뜨린 것으로 밝혀졌다. 다음 날 그는 옆집 이웃의 아들을 다시 만났다. 다시 보니 그 남자가 길을 걷는 모습과 말하는 목소리가 더 이상 도둑 같아 보이지 않았다.

　　이 이야기는 색안경을 쓰고 사람을 보면 종종 실수를 하게 된다고 말해 준다.

## 六. 写作

（1）用10分钟的时间阅读课文，然后不看书，复述并缩写以上文章。

（2）你觉得怀疑是一件好事还是坏事？请举例说明。

## 33 孟母三迁

战国时代，孟子小时候的家靠近墓地，他很快学会了许多祭祀的动作。

"不能让孩子在这个地方住下去。"孟子的妈妈这样想。于是孟家就搬到城里去__1__。新的家就在集市边上，孟子就模仿商人做买卖，__2__会了吹牛。

"这里也不行，还得搬家。"不久，孟母把__3__迁到学校的附近，学校里来来往往的人都很有礼貌，孟子都学会了。

他和小伙伴们玩儿的时候，非常有礼貌。"嗯，这才是最适合我的孩子居住的地方。"后来，孟子成为了一位大圣人。

这个故事告诉我们：环境对人有很__4__的影响。

## 一．填空

|     | A   | B   | C   | D   |
|-----|-----|-----|-----|-----|
| (1) | 走  | 跑  | 住  | 看  |
| (2) | 学  | 休息 | 睡  | 妈妈 |
| (3) | 学校 | 家  | 天  | 学习 |
| (4) | 大  | 小  | 坏  | 少  |

## 二．选择

（1）孟子生活在什么时代？

A. 春秋时期　　　　　　　　　　B. 战国时期

C. 唐朝　　　　　　　　　　　D. 清朝

(2) 孟子小时候的家靠近墓地，他学会了什么？

A. 吹牛　　　　　　　　　　　C. 许多祭祀的动作

B. 做买卖　　　　　　　　　　D. 礼貌和知识

(3) 孟子的家靠近集市时，学会了什么？

A. 吹牛　　　　　　　　　　　C. 做买卖

B. 许多祭祀的动作　　　　　　D. 礼貌和知识

(4) 孟子的家靠近学校时，学会了什么？

A. 吹牛　　　　　　　　　　　C. 许多祭祀的动作

B. 做买卖　　　　　　　　　　D. 礼貌和知识

(5) 这个故事告诉我们什么道理？

A. 朋友的重要　　　　　　　　C. 环境的重要

B. 心情的重要　　　　　　　　D. 母亲的重要

## 三. 拼音

### 33 Mèng mǔ sān qiān

Zhàn guó shí dài, mèng zǐ xiǎo shí hou de jiā kào jìn mù dì, tā hěn kuài xué huì le xǔ duō jì sì de dòng zuò.

"Bù néng ràng hái zi zài zhè ge dì fāng zhù xià qù." Mèng zǐ de mā ma zhè yàng xiǎng. Yú shì mèng jiā jiù bān dào chéng lǐ qù zhù. Xīn de jiā jiù zài jí shì biān shang, mèng zǐ jiù mó fǎng shāng rén zuò mǎi mai, xué huì le chuī niú.

"Zhè lǐ yě bù xíng, hái děi bān jiā." Bù jiǔ, mèng mǔ bǎ jiā qiān dào xué xiào de fù jìn, xué xiào lǐ lái lái wǎng wǎng de rén dōu hěn yǒu lǐ mào, mèng zǐ dōu xué huì le.

Tā hé xiǎo huǒ bàn men wán r de shí hou, fēi cháng yǒu lǐ mào."Ń, zhè cái shì zuì shì hé wǒ de hái zi jū zhù de dì fang." Hòu lái, mèng zǐ chéng wéi le yí wèi dà shèng rén.

zhè ge gù shi gào su wǒ men: Huán jìng duì rén yǒu hěn dà de yǐng xiǎng.

## 四． 单词

| 单词 | 拼音 | 意思 |
|---|---|---|
| 迁 | qiān | 이사하다 |
| 墓地 | mù dì | 묘지 |
| 集市 | jí shì | 재래 시장 |
| 模仿 | mó fǎng | 모방하다, 흉내를 내다 |
| 做买卖 | zuò mǎi mai | 장사를 하다 |
| 吹牛 | chuī niú | 허풍을 떨다 |
| 来来往往 | lái lái wǎng wǎng | 왔다 갔다 하다 |
| 礼貌 | lǐ mào | 예의 |
| 圣人 | shèng rén | 성인, 훌륭한 사람 |

## 五． 韩语

### 33 맹모삼천(맹자의 어머니가 세 번 집을 옮기다)

전국 시대 맹자가 어렸을 때 살았던 곳은 공동 묘지 근처였기에 그는 많은 제사 의식을 배웠다.

'아이를 이 곳에 살게 할 수는 없다.' 고 맹자의 어머니는 생각했다. 그래서 맹자의 어머니는 시내로 이사를 갔다. 새로운 집은 시장 근처에 있어 맹자는 장사꾼들의 흉내를 내면서 허풍을 배웠다.

'여기도 안 돼, 또 이사를 가야겠다.' 얼마 후, 맹자의 어머니는 학교 근처로 이사를 갔다.

학교에는 예의 바른 사람들이 많았고, 맹자는 그것들을 모두 배웠다.

맹자는 그의 어린 친구들과 놀 때 매우 예의 바른 행동을 했다. '이 곳이 야말로 내 아들이 머물러 살 만한 곳이구나.' 나중에 맹자는 아주 훌륭한 사람이 되었다.

이 이야기는 환경이 사람에게 미치는 영향이 매우 큰 것을 말해 준다.

## 六．写作

（1）用10分钟的时间阅读课文，然后不看书，复述并缩写以上文章。

（2）如果你是孟母，你会和她一样，为了孩子的教育而搬家吗？为什么？

## 34 狐狸和葡萄

狐狸发现了一棵葡萄树，树上的__1__又大又红，狐狸很想__2__这些葡萄。"多好的葡萄呀，肯定又__3__又多汁。"狐狸站起来，用力向大红葡萄跳过去。一次，__4__次，三次，个子矮的狐狸，累得气喘吁吁，却根本够不着葡萄，这可把它给急坏了。

它在树下转起圈来，"有了。"狐狸突然眼珠子一转，主意__5__了。它从田里搬来了一块大石头，站在上面，不停地蹦啊，跳啊，连汗珠子都冒了出来。结果狐狸跳得腰酸腿痛，可葡萄还是高高地挂在__6__上。

"真倒霉。"狐狸摇摇尾巴，不得不放弃了。它一边走一边安慰自己说："这葡萄肯定是酸的。"

这故事告诉我们：有些人没有能力干好事情，就找各种借口，吃不到葡萄说葡萄__7__。

## 一．填空

|     | A  | B  | C  | D  |
|-----|----|----|----|----|
| (1) | 苹果 | 西瓜 | 葡萄 | 狐狸 |
| (2) | 吃  | 喝  | 摸  | 看  |
| (3) | 苦  | 酸  | 辣  | 甜  |
| (4) | 一  | 两  | 三  | 四  |
| (5) | 来  | 没有 | 失去 | 忘记 |

| (6) | 车 | 路 | 树 | 河 |
| --- | --- | --- | --- | --- |
| (7) | 酸 | 甜 | 老 | 小 |

## 二．选择

(1) 狐狸想吃什么？

A. 葡萄　　　　　　　　　　C. 兔子

B. 苹果　　　　　　　　　　D. 石头

(2) 狐狸拿来什么工具继续够葡萄？

A. 梯子　　　　　　　　　　C. 石头

B. 锯子　　　　　　　　　　D. 水

(3) 狐狸吃到葡萄了吗？

A. 吃到了　　　　　　　　　B. 没有吃到

(4) 狐狸怎样安慰自己？

A. 自己个子小　　　　　　　C. 下次再来

B. 葡萄一定酸　　　　　　　D. 找朋友一起来

(5) 狐狸有什么性格特点？

A. 聪明　　　　　　　　　　C. 善良

B. 执着　　　　　　　　　　D. 爱找借口

## 三．拼音

34 hú li hé pú tao

hú li fā xiàn le yì kē pú tao shù, shù shàng de pú tao yòu dà yòu hóng, hú li hěn xiǎng chī zhè xiē pú tao."Duō hǎo de pú tao ya, kěn dìng yòu tián yòu duō zhī." hú li zhàn qǐ lái, yòng lì xiàng dà hóng pú tao tiào guò qù. Yí cì, liǎng cì, sān cì, gè zi ǎi de hú li, lèi de qì chuǎn xū xū, què gēn běn gòu bu zháo pú tao, zhè kě bǎ tā gěi jí huài le.

Tā zài shù xià zhuàn qǐ quān lái,"yǒu le." hú li tū rán yǎn zhū zi yí zhuàn, zhǔ yi lái le. Tā cóng tián lǐ bān lái le yí kuài dà shí tou, zhàn zài shàng miàn, bù tíng de bèng a, tiào a, lián hàn zhū zi dōu mào le chū lái. Jié guǒ hú li tiào de yāo suān tuǐ tòng, kě pú tao hái shì gāo gāo de guà zài shù shàng.

"Zhēn dǎo méi." hú li yáo yáo wěi ba, bù dé bù fàng qì le. Tā yì biān zǒu yì biān ān wèi zì jǐ shuō:"Zhè pú tao kěn dìng shì suān de."

Zhè gù shi gào su wǒ men: Yǒu xiē rén méi yǒu néng lì gàn hǎo shì qing, jiù zhǎo gè zhǒng jiè kǒu, chī bú dào pú tao shuō pú tao suān.

## 四. 单词

| 单词 | 拼音 | 意思 |
| --- | --- | --- |
| 多汁 | duō zhī | 다즙, 즙이 많다, 물이 많다. |
| 够不着 | gòu bu zháo | 닿지 못하다 |
| 转圈 | zhuàn quān | 원을 그리며 돌다 |
| 眼珠子 | yǎn zhū zi | 눈동자 |
| 蹦 | bèng | 껑충 뛰다 |
| 汗珠子 | hàn zhū zi | 땀방울 |
| 冒 | mào | 내뿜다 |
| 腰酸腿痛 | yāo suān tuǐ tòng | 허리가 쑤시고 다리가 아프다 |
| 倒霉 | dǎo méi | 재수 없다 |
| 不得不 | bù dé bù | 어쩔 수 없이 |
| 放弃 | fàng qì | 포기하다 |
| 安慰 | ān wèi | 위로하다 |
| 借口 | jiè kǒu | 핑계 |

## 五. 韩语

### 34 여우와 포도

　　여우는 포도 나무 하나를 발견했다. 나무 위의 포도는 크고 여우는 포도를 매우 먹고 싶었다. '맛있는 포도다. 정말 달콤하고 맛있겠다.' 여우는 일어나 힘껏 뛰었다. 한 번, 두 번, 세 번, 키가 작은 여우는 힘이 들어 헐떡거렸지만 포도는 전혀 닿지 않아, 매우 초조해졌다.

　　그는 나무 아래에서 원을 그리며 돌았다. '알았어!' 여우는 갑자기 눈알을 굴리더니, 생각이 떠올랐다. 그 방법은 바로 들에서 큰 돌을 가져 온 후, 그 돌 위에 서서 끊임없이 경중경중 뛰었고, 땀이 났다. 여우는 허리가 아프고 다리가 아팠지만 포도는 여전히 나무에 높이 매달려 있었다.

　　'재수 없어.' 여우는 꼬리를 흔들며 포기할 수 밖에 없었다. 여우는 돌아서면서 자신을 위로했다. '그 포도는 너무 시어서 맛이 없었을 거야.'

　　이 이야기는 일을 할 수 있는 능력이 없으면 핑계를 찾는 사람을 비웃는 데에 사용된다.

## 六. 写作

（1）用10分钟的时间阅读课文，然后不看书，复述并缩写以上文章。

（2）请讲一个"吃不到葡萄说葡萄酸"的例子。

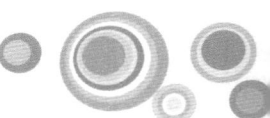

## 35 对牛弹琴

战国时期有个叫公明仪的音乐家，他弹琴弹得非常好。有一天，__1__晴朗，公明仪带着琴来到城外。远处有一头黄牛正在__2__草，公明仪顿时来了灵感，他摆好琴，开始对__3__弹起了琴。

可是听到这么优美的曲子，老黄牛一点儿反应也没有，只是低头吃草。公明仪以为老黄牛不喜欢听这首曲子，于是就换了一首，可是老黄牛还是__4__头吃草。公明仪将曲子换了一首又一首，老黄牛还是不理他。最后老黄牛吃饱了，竟然慢悠悠地走了。公明仪失望极了，人们安慰他说："不是你弹的曲子不好，而是你弹的曲子牛根本__5__不懂。"公明仪叹了口气，只好抱着琴回家去了。

成语【对牛弹琴】就来自这个故事，人们用对牛弹琴来比喻对蠢人谈论高深的道理，也用以讥笑说话的人不看对象。

## 一．填空

|     | A    | B    | C    | D    |
| --- | ---- | ---- | ---- | ---- |
| (1) | 家   | 时间 | 天气 | 琴   |
| (2) | 吃   | 看   | 喝   | 休息 |
| (3) | 兔子 | 牛   | 老虎 | 狐狸 |
| (4) | 抬   | 洗   | 没有 | 低   |
| (5) | 听   | 吃   | 看   | 说   |

## 二．选择

（1）公明仪是什么人？

A．教育家　　　　　　　　C．文学家

B．音乐家　　　　　　　　D．科学家

（2）有一天，公明仪对着什么动物弹琴？

A．马　　　　　　　　　　C．牛

B．羊　　　　　　　　　　D．驴

（3）老牛理公明仪了吗？

A．理了　　　　　　　　　B．没有理

（4）公明仪对着老牛弹了几首曲子？

A．一首　　　　　　　　　C．三首

B．两首　　　　　　　　　D．很多首

## 三．拼音

### 35 Duì niú tán qín

Zhàn guó shí qī yǒu ge jiào gōng míng yí de yīn yuè jiā, tā tán qín tán de fēi cháng hǎo. Yǒu yì tiān, tiān qì qíng lǎng, gōng míng yí dài zhe qín lái dào chéng wài. Yuǎn chù yǒu yì tóu huáng niú zhèng zài chī cǎo, gōng míng yí dùn shí lái le líng gǎn, tā bǎi hǎo qín, kāi shǐ duì niú tán qǐ le qín.

Kě shì tīng dào zhè me yōu měi de qǔ zi, lǎo huáng niú yì diǎn r fǎn yìng yě méi yǒu, zhǐ shì dī tóu chī cǎo. Gōng míng yí yǐ wéi lǎo huáng niú bù xǐ huan tīng zhè shǒu qǔ zi, yú shì jiù huàn le yì shǒu, Kě shì lǎo huáng niú hái shì dī tóu chī cǎo. Gōng míng yí jiāng qǔ zi huàn le yì shǒu yòu yì shǒu, lǎo huáng niú hái shì bù lǐ tā. Zuì hòu lǎo huáng niú chī bǎo le, jìng rán màn yōu yōu de zǒu le. Gōng míng yí shī wàng jí le, rén men ān wèi tā shuō:"Bú shì nǐ tán de qǔ zi bù hǎo, ér shì nǐ tán de qǔ zǐ niú gēn běn tīng bù dǒng." Gōng míng yí tàn le kǒu

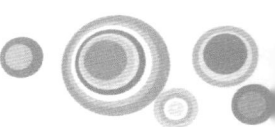

qì, zhǐ hǎo bào zhe qín huí jiā qù le.

　　Chéng yǔ [duì niú tán qín] jiù lái zì zhè ge gù shi, rén men yòng duì niú tán qín lái bǐ yù duì chǔn rén tán lùn gāo shēn de dào lǐ, yě yòng yǐ jī xiào shuō huà de rén bú kàn duì xiàng.

## 四. 单词

| 单词 | 拼音 | 意思 |
| --- | --- | --- |
| 音乐家 | yīn yuè jiā | 음악가 |
| 弹琴 | tán qín | 탄금하다, 가야금과 같은 금을 치다 |
| 城外 | chéng wài | 성 밖 |
| 顿时 | dùn shí | 문득 |
| 灵感 | líng gǎn | 영감 |
| 低头 | dī tóu | 머리를 숙이다 |
| 竟然 | jìng rán | 뜻밖에도 |
| 慢悠悠 | màn yōu yōu | 어슬렁어슬렁 |
| 成语 | chéng yǔ | 성어 |
| 比喻 | bǐ yù | 비유하다 |
| 蠢人 | chǔn rén | 멍청이 |
| 谈论 | tán lùn | 담론하다 |
| 讥笑 | jī xiào | 비웃다 |

## 五. 韩语

### 35 소 귀에 경 읽기

　　옛날에 공명의라는 음악가가 있었는데 거문고 연주를 잘 했다. 날씨가 좋은 어느 날 공명의는 거문고를 들고 시외로 나갔다. 공명의는 먼 곳에 풀을 뜯고 있는 늙은 황소를 보고 갑자기 흥이 났다. 그리하여 그는 거문고를 잘 차려 놓고 황소에게 곡을 연주해 주었다.

　　그러나 이러한 구성진 곡을 들은 황소는 고개를 숙이고 풀을 뜯으며 그를 외면했다. 공명의는 황소가 이 곡을 좋아하지 않아서 인줄 알고 다른 곡을 연주했다. 그러나 황소는 여전

히 고개를 숙이고 풀을 뜯기만 했다. 공명의는 곡을 한 곡 또 한 곡 바꿨는데도 황소는 그를 외면했다. 마지막으로 황소는 배가 불러 느릿느릿 다른 곳으로 가버렸다. 공명의가 실망하자 사람들은 그를 위로했다. "네가 연주를 못하는 것이 아니라 소가 음악을 못 알아들은 것이다." 공명의는 한 숨을 쉬며 거문고를 들고 집으로 돌아갔다.

사자성어 소 귀에 경 읽기가 이 이야기에서 유래가 되었다. 알아듣지 못하는 사람에게 수준이 높은 말을 하는 것을 비유하거나 대상을 보고 말하고 있지 않는 사람을 비웃는 데에 이 사자성어를 쓴다.

## 六．写作

（1）用10分钟的时间阅读课文，然后不看书，复述并缩写以上文章。

（2）请举一个"对牛弹琴"的例子。

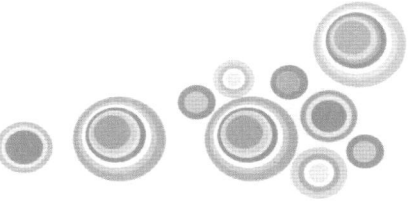

## 36 亡羊补牢

从前有一个人，他养了几只__1__。一天早上他去放羊，发现少了一只。原来羊圈破了个窟窿，夜里狼从窟窿钻进去，把那只羊叼走了。

邻居们劝他说："赶快把羊圈修一修，堵上那个窟窿吧。"他说："羊已经丢了，还修羊圈干什么呢？"第二天早上，他去放羊，发现羊又__2__了一只。原来狼又从窟窿钻进去，把羊叼走了。

他很后悔没有接受邻居的劝告，心想，现在修还不__3__。他赶快堵上那个窟窿，把羊圈修得结结实实的。从此，他的羊再也没丢过。

这个故事告诉我们：如果犯了错误，要__4__改。

## 一．填空

|     | A | B | C | D |
| --- | --- | --- | --- | --- |
| (1) | 狗 | 猫 | 羊 | 鸡 |
| (2) | 小 | 少 | 多 | 有 |
| (3) | 晚 | 早 | 以后 | 一会 |
| (4) | 不 | 没有 | 马上 | 以后 |

## 二．选择

(1) 从前有一个人，他养了什么动物？

A. 马  
B. 羊  
C. 牛  
D. 驴

(2) 有一天，他的羊怎么了？

A. 死了一只    C. 羊变小了

B. 丢了一只    D. 羊变大了

(3) 羊圈怎么了？

A. 有一个窟窿    B. 完好无损

(4) 第二天早上，他又发现了什么？

A. 死了一只    C. 羊变小了

B. 丢了一只    D. 羊变大了

(5) 后来，他的羊为什么没有丢？

A. 全部丢光了    C. 将羊圈修理好了

B. 给羊绑住了    D. 他从此不放羊了

# 三．拼音

### 36 Wáng yáng bǔ láo

Cóng qián yǒu yí gè rén, tā yǎng le jǐ zhī yáng. yì tiān zǎo shang tā qù fàng yáng, fā xiàn shǎo le yì zhī. Yuán lái yáng juàn pò le gè kū long, yè lǐ láng cóng kū long zuān jìn qù, bǎ nà zhī yáng diāo zǒu le.

Lín jū men quàn tā shuō:"Gǎn kuài bǎ yáng juàn xiū yì xiū, dǔ shàng nà gè kū long ba." Tā shuō:"Yáng yǐ jīng diū le, hái xiū yáng juàn gàn shén me ne?" Dì èr tiān zǎo shang, tā qù fàng yáng, fā xiàn yáng yòu shǎo le yì zhī. Yuán lái láng yòu cóng kū long zuān jìn qù, bǎ yáng diāo zǒu le.

Tā hěn hòu huǐ méi yǒu jiē shòu lín jū de quàn gào, xīn xiǎng, xiàn zài xiū hái bù wǎn. Tā gǎn kuài dǔ shàng nà gè kū long, bǎ yáng juàn xiū de jiē jie shí shí de. Cóng cǐ, tā de yáng zài yě méi diū guò.

zhè ge gù shi gào su wǒ men: Rú guǒ fàn le cuò wù, yào mǎ shàng gǎi.

## 四. 单词

| 单词 | 拼音 | 意思 |
| --- | --- | --- |
| 亡羊补牢 | wáng yáng bǔ láo | 소 잃고 외양간 고치다 |
| 羊圈 | yáng juàn | 외양간, 양우리 |
| 窟窿 | kū long | 구멍 |
| 钻 | zuān | 침투하다, 들어가다 |
| 叼 | diāo | 입에 물다 |
| 堵 | dǔ | 막다, 막아 버리다. |
| 犯错误 | fàn cuò wù | 과오를 범하다, 실수하다, 잘못하다. |

## 五. 韩语

### 36 망양보뢰(양을 잃고서 울타리를 고친다)

옛날에 양을 키우는 농부가 있었다. 어느 날 농부는 양이 한 마리 적어진 것을 발견했다. 알아보니 울타리에 구멍이 뚫려서 밤새 늑대가 그 구멍으로 들어와 양을 물어 간 것이었다.

이웃들은 빨리 울타리를 고쳐 구멍을 막으라고 충고를 했다. 하지만 농부는 양을 이미 잃어버렸는데 울타리를 고칠 필요가 있겠냐고 했다. 다음날 아침 방목 준비를 하던 농부는 양우리에 양이 한 마리가 또 적어진 것을 발견했다. 알고 보니 늑대가 또 구멍을 통해 양을 물어간 것이었다.

그는 이웃의 충고를 듣지 않은 것을 매우 후회하여 당장 울타리를 고쳐야겠다고 생각했다. 그래서 농부는 울타리를 고치고 양우리를 튼튼하게 만들었다. 그로부터 그는 그의 양을 다시는 잃어 버리지 않았다.

이 이야기는 우리에게 만약 잘못을 저질렀다면 즉시 고쳐야 한다고 말해 준다.

## 六. 写作

（1）请讲一个你以前犯的错误。你是怎么改正的？

# <MP3 & 연습 문제 답안 무료 다운!>

이 책에 관련된 MP3 녹음 파일과 연습 문제 답안은 드림중국어 카페 (http://cafe.naver.com/dream2088)를 회원 가입한 후에 다운 받으실 수 있습니다.

MP3 파일 다운로드 주소:　　　　https://cafe.naver.com/dream2088/3525

연습 문제 답안 다운로드 주소:　　https://cafe.naver.com/dream2088/3794

## 드림중국어 1:1 화상 수업

**드림중국어 원어민 수업 체험 예약 (30분)**

QR 코드를 스캔해서 중국어 수업을 체험 신청하세요.

(네이버 아이디로 들어감)

ZOOM 1:1 수업, 휴대폰/태블릿/컴퓨터로 수업 가능

## 드림중국어 대면 수업

| | |
|---|---|
| 드림중국어 인천 **청라점** | |
| 주소: | 인천 청라국제도시 |
| 상담 전화: | **032-567-6880** |

| | |
|---|---|
| 드림중국어 강남 **대치동점** | |
| 주소: | 서울시 강남구 대치동 |
| 상담 전화: | **010-5682-6880** |

# <드림중국어 시리즈 교재>

| 책 제목 | 책 제목 |
| --- | --- |
| 드림중국어 왕초보 탈출 1 (HSK 1급) | 드림중국어 YCT 1-4급 실전 모의고사 (세트) |
| 드림중국어 왕초보 탈출 2 (HSK 2급) | 드림중국어 YCT 회화 (초급) 실전 모의고사 |
| 드림중국어 중급 듣기 1 (HSK 3급) | 드림중국어 YCT 회화 (중급) 실전 모의고사 |
| 드림중국어 초급 회화 600 | 드림중국어 HSK 1-6급 실전 모의고사 (세트) |
| 드림중국어 중급 회화 600 (세트) | 드림중국어 HSKK 초급 실전 모의고사 |
| 드림중국어 고급 회화 800 (세트) | 드림중국어 HSKK 중급 실전 모의고사 |
| 드림중국어 신 HSK 초.중급 필수 단어 | 드림중국어 HSKK 고급 실전 모의고사 |
| 드림중국어 신 HSK 고급 필수 단어 | 드림중국어 수능 기출 문제집 (세트) |
| 드림중국어 신 HSK 초급 문법 (세트) | 드림중국어 수능 대비 문제집 (세트) |
| 드림중국어 신 HSK 중급 문법 (세트) | 드림중국어 실용 회화 시리즈 (세트) |
| 드림중국어 신 HSK 고급 문법 (세트) | 드림중국어 수능 단어 총정리 (세트) |
| 드림중국어 한자쓰기 초.중급 | 드림중국어 중국 어린이 동요 100 (세트) |
| 드림중국어 한자쓰기 중급/고급 (세트) | 드림중국어 중국 어린이 시 100 |
| 드림중국어 중급 읽기 1-4 (중국 문화 이야기) | 드림중국어 중국 시 100 |
| 드림중국어 고급 읽기 1-2 (중국 문화 이야기) | 드림중국어 중국 명인 명언 100 (세트) |
| 드림중국어 SAT2 대비 문제집 (세트) | 드림중국어 MCT (의학 중국어 시험) 단어 |
| 드림중국어 고급 회화 1 | 중국 아이들이 좋아하는 동화 이야기 (세트) |
| 드림중국어 재미 있는 중국 이야기 (세트) | 드림중국어 중국 인기 노래 100 (세트) |

## <드림중국어> 출판사  전화: 010-9853-6588